DEUTSCHE AKADEMIE DER WISSENSCHAFTEN ZU BERLIN

VORTRÄGE UND SCHRIFTEN

HEFT 26

ÜBER DAS NATURRECHT

von Prof. Dr. Heinrich Mitteis

1948

AKADEMIE-VERLAG BERLIN

Erschienen im Akademie-Verlag GmbH., Berlin NW 7, Schiffbauerdamm 19
Veröffentlicht unter der Lizenznummer 156 der SMA in Deutschland
Gedruckt in der Buchdruckerei Oswald Schmidt GmbH., Leipzig M 118
Bestell- und Verlagsnummer 2003/26
Preis RM 2.75

ÜBER DAS NATURRECHT

Über das Naturrecht schlechthin im eng bemessenen Rahmen eines Vortrages zu sprechen ist ein kühnes Unterfangen, ja beinahe eine Unmöglichkeit. Der Titel wurde nur gewählt, um das Thema kurz zu bezeichnen. Das Naturrecht, im allgemeinsten Sinne genommen, kann genau so wenig mit einem Blicke umfaßt werden wie etwa die Philosophie – wobei schon hier daran zu erinnern ist, daß man in früheren Zeiten unter Naturrecht vielfach eben gar nichts anderes verstanden hat als eben die Philosophie überhaupt, zumindest die Ethik und Sozialphilosophie. Wie die Philosophie, so bietet auch das Naturrecht die verschiedensten Aspekte dar, je nachdem von welcher Seite her man sich ihm nähert, zu welchen Korrelatbegriffen man es in Beziehung setzt. Es kann in einen historischen, einen rein philosophischen, einen juristisch-systematischen Zusammenhang eingereiht werden, und jedesmal wechselt die Beleuchtung – wie uns ein ferner Gebirgszug immer anders erscheint, wenn ihn helles Sonnenlicht beglänzt oder das Dräuen eines aufziehenden Gewitters überschattet.

Nun müßte die zuletzt genannte Betrachtungsweise, die juristisch-systematische, heute eigentlich ausfallen. Denn es ist eine Eigentümlichkeit unserer Akademien, daß sie alle rein systematischen Fächer, also auch die systematische Jurisprudenz, ausschließen; nur als Rechtshistoriker oder Rechtsphilosoph kann der Vertreter der Rechtswissenschaft in die Akademie eingehen[1]. Es muß hier dahingestellt bleiben, ob diese Zurücksetzung der Jurisprudenz heute noch berechtigt ist. Hat sie doch Methoden von solcher Eigenart und Feinheit ausgebildet, daß die anderen

Wissenschaften auf die Dauer nicht ohne eigenen Schaden darauf werden verzichten können von ihnen Kenntnis zu nehmen; auch sie dient dem Streben nach Erkenntnis der Wahrheit, wenn sie echte *jurisprudentia*, Rechtsweisheit, und nicht bloße *jurisperitia*, Rechtsklugheit und Kunde des positiven Rechtes, ist. Als Jurisprudenz, *providentia*, Vorschau auf künftige Menschheitsschicksale, ist sie zugleich der Niederschlag einer Jahrtausende alten, oft schmerzlich unter größten Mühen errungenen Denkerfahrung, Gesinnungsbildung und Gewissensschärfung, sie trägt die Spuren eines geistigen Ringens, in dem wertvollste Kräfte eingesetzt worden sind.

Mein heutiger Vortrag bleibt im Rahmen der akademischen Tradition, wenn er das Naturrecht philosophisch zu würdigen und historisch zu entwickeln trachtet; er transzendiert ihn, wenn er seine Bedeutung für das Rechtsleben und die Rechtslehre der Gegenwart zum Vorwurfe nimmt. Aber die Behandlung der zuletzt genannten Punkte darf nicht unterbleiben, wenn nicht das Bild des Naturrechts unvollständig werden, wenn es in der ganzen Breite und Tiefe seiner Wirksamkeit erfaßt werden soll. Das Naturrecht ist zum ersten der Ausdruck einer zeitlosen, ewigen Idee, die immer in Erscheinung getreten ist, wo Menschen über das Wesen des Rechtes Betrachtungen angestellt haben; das ist sein philosophischer Aspekt; es hat ferner einmal, in einer ganz bestimmten Epoche der Rechtsgeschichte, im 17. und 18. Jahrhundert, konkrete Gestalt gewonnen und der europäischen Rechtskultur ihr Gepräge gegeben; das ist seine historische Rolle; und endlich lebt es als beherrschende Norm mitten unter uns, es durchdringt das geltende Recht bis in alle feinsten Verzweigungen hinein, und somit ist es auch ein systematisches Problem. Es lebt in den Entscheidungen der täglichen Praxis, die oft und oft, auch wenn sie sich dessen kaum bewußt sind, einen naturrechtlichen Einschlag zeigen; es lebt aber auch in den weltbewegenden Geisteskämpfen, in denen um Geltung und Verbindlichkeit des Völkerrechtes gerungen wird; sie hängen über uns wie drohende Wetterwolken, aus denen der Blitz niederfahren soll, der das Dunkel der Zukunft erhellt. So zeigt sich das Naturrecht als ein Element von allbeherrschender Kraft, es umgibt uns wie die Luft, die wir atmen. Man spricht heute vielfach von einer Wiedergeburt des Naturrechtes, da die Zeit wohl endgültig vorbei ist, die es leugnen zu können glaubte. Das kann aber nur bedeuten, daß wir uns seiner wieder voll bewußt geworden sind, daß wir uns zu ihm bekennen; denn wiedergeboren kann nur werden, was einmal gestorben ist, und das Naturrecht ist niemals gestorben, es ist nur zeitweise verschollen und in Vergessenheit geraten, es ist sehr zu Unrecht für tot erklärt worden. Wir bekennen uns heute wieder zum Naturrecht und damit zu den ewigen Werten der Gerechtigkeit im Leben des Einzelnen wie des Volkes, aber auch der Völker und Nationen untereinander. Wir sind es müde geworden zu hören, daß man den Juristen einen öden Formalisten nennt, dessen sprödes, steriles Denken wie ein Fluch auf der Welt lastet; wir setzen das Naturrecht wieder gegen allen Formalismus und Begriffskult, wir setzen Gerechtigkeit und Menschlichkeit gegen die legalisierte Barbarei, die wir nun für immer überwunden haben. So ist mein Vortrag zugleich zeitlos und aktuell, und hofft so dem inneren Gesetz seines Vorwurfs Rechnung zu tragen. Und sofort ergibt sich auch die höchst einfache Gliederung, eine Dreiteilung des Folgenden: Ein erster Teil soll handeln von der Idee des Naturrechts in ihren verschiedenen Ausdrucksformen; ein zweiter von seiner historischen Gestalt, dem klassischen Naturrechtszeitalter der europäischen Rechtsgeschichte; der dritte abschließende Abschnitt zeigt seine Bedeutung für das heutige Rechtsleben und weist auf die Aufgaben hin, die uns das Naturrecht für die Zukunft stellt.

Ehe wir aber das Problem selbst in Angriff nehmen, bedarf es einer kurzen Vorbesinnung. Wir müssen uns wenigstens vorläufig darüber klar zu werden suchen, welcher Sinn dem Worte Naturrecht eigentlich innewohnt. Was meint man, was hat man vordem gemeint, wenn man mit dem Begriffe „Recht“ das Wort

„Natur“ verband? Unwillkürlich denken wir zunächst an das Reich der Natur, das uns umgibt, das außer uns liegt, an die Natur im rein physikalischen Sinne. Wir denken an den Gegensatz von Natur und Kultur, Natur und Geist und könnten so leicht zu der Auffassung kommen, das Naturrecht habe mit Kultur und Geist nichts zu schaffen. Nun ist es sehr wohl möglich, sich unter Naturrecht ein Recht vorzustellen, das mit der äußeren Natur und ihrer Ordnung im Einklang steht; hierin liegt, wie sich noch zeigen wird, eine der ältesten Formungen des Begriffs. Man hat weiterhin gelehrt, die Rechtsbegriffe seien analog denen der Naturwissenschaft gebildet; wenn wir von einer Übertragung, Belastung, Teilung von Rechten sprechen, so verwenden wir Bilder aus der Körperwelt; schließlich wird das Denken des Rechts zu einem Ableiten des Sollens aus dem Sein, das an die Kategorie der Kausalität gebunden ist, die Rechtsbildung zu einer Art von Naturprozeß, durchaus abhängig von natürlichen Gegebenheiten. Und niemand kann leugnen, daß diese Betrachtungsweise für das konkrete, positive Recht des Erkenntniswertes nicht entbehrt; ruht dieses doch in der Tat auf Vorgegebenheiten, auf einer ökonomischen und sozialen Substruktur, es kann nicht als reines Geistgebilde im luftleeren Raume schweben; es dient der Formung und Normung dieser seiner Vorgegebenheiten. Aber es muß weiter gefragt werden, ob damit der volle Sinn gerade des Wortes Naturrecht schon erfaßt ist, wie ihn die großen Denker der Vergangenheit entfaltet haben; ob es sich dabei wirklich nur um *Gegebenes* handelt, oder auch um *Aufgegebenes*, nicht um *Zwecke*, sondern um *Ziele* und *Werte*, nicht um *kausales*, sondern um *finales*, *teleologisches* Denken, nicht um *Physik*, sondern um *Metaphysik*. Um dies genauer zu präzisieren, müssen wir auch den Sinn des Wortes *Recht* schärfer ins Auge fassen.

Unter Recht verstehen wir zunächst im landläufigen Sinne das positive Recht, die Ordnung, unter der wir leben, das Recht, das, in zahllose Gesetze und Verordnungen gefaßt, uns auf Schritt und Tritt im Leben begleitet. Wir sind nicht immer ganz zufrieden mit diesem positiven Recht; wir nennen es wohl gelegentlich veraltet, unbillig, lebensfremd; oder aber wir sagen von ihm, daß es Lücken enthalte. Schon das kann bedenklich stimmen; denn eine sinnvolle Ordnung des Lebens, die aus diesem herausgewachsen ist, kann ebensowenig Lücken enthalten wie das Leben selbst. Es kann also höchstens Lücken im Maschenwerk der Gesetze geben, aber niemals Lücken im Recht. Man hat sogar vom „Kampf des Rechtes gegen die Gesetze"[2] gesprochen; das bedeutet aber, daß es über dem positiven gesatzten Recht eine höhere Instanz geben muß, an die wir im Namen der Gerechtigkeit appellieren können, ein höheres Recht, das auf alle unsere Fragen Antwort weiß, das dem positiven Recht den Spiegel der Kritik vorhält, ein „richtiges" Recht, in dem sich unser Rechtsbewußtsein, das unmittelbar evidente Gefühl für Recht und Unrecht, erfüllt. *Dieses Recht höherer Ordnung aber nennen wir Naturrecht.* Es ist Recht im höchsten Sinne, es steht über allem positiven Recht, *es ist sein Richtmaß und Gewissen*, es ist der König der Gesetze, *die Norm der Normen.*

So ist zugleich das Prinzip des *Dualismus* gefunden, die *dialektische Spannung* zwischen Naturrecht und positivem Recht, die stets immanent vorhanden ist, aber in Epochen echter Rechtskultur auch bewußt empfunden wird. So verstanden hat das Naturrecht nur wenig Beziehungen zur Natur im landläufigen Sinne, viel mehr zur Kultur als menschlicher Wertverwirklichung, es ist *Kulturrecht*, es umgibt die menschlichen Kulturleistungen und Lebensformen mit einem schützenden Wall. Fassen wir nun weiter den Menschen als Kulturschöpfer, die menschlichen Gemeinschaften als die obersten Kulturträger, so haben wir im Naturrecht dasjenige Rechtssystem entdeckt, das der *Natur des Menschen* gemäß ist, aber freilich nicht des Menschen als Einzelindividuum oder Naturwesen, sondern des Menschen als Glied der Gemeinschaft. Macht es so das Wesen des Rechtes aus, die oberste Lebensordnung menschlicher Gemeinschaften zu bilden, so können wir weiter folgern: Naturrecht ist dasjenige Recht, das der Idee der menschlichen Gemeinschaft entspricht, das also als Gemeinschaftsregelung zu seiner eigensten eigentlichen Natur, zu sich selbst gekommen ist; insofern ist es eben die Hochform des Rechtes, der höchste Niederschlag der in ihm vertretenen Werte. Als solches ist es in seinem Sein ein höchster Wert, und doch zugleich auch eine ewige Aufgabe, ein unverrückbares, aber vielleicht auch nie ganz erreichbares Ziel der Sehnsucht nach Gerechtigkeit und Humanität.

Das alles kann nur als vorläufig gesprochen gelten. Wir haben uns einen Vorgriff, eine Prolepsis, eine Antizipation erlaubt, die es nunmehr zu verifizieren gilt. Wir müssen den Beweis dafür antreten, daß das Naturrecht in der Tat so verstanden worden ist und verstanden werden muß. Und damit wenden wir uns zu unserem ersten Teil, der von der Idee des Naturrechts und ihren Erscheinungsformen handeln soll. Die gemessene Zeit, über die wir verfügen, zwingt uns, im Rahmen des europäischen Kulturkreises, dabei aber immer der Tatsache eingedenk zu bleiben, daß die Geschichte des Naturrechts ein Stück Menschheitsgeschichte ist.

I

Schon in der frühen Antike, schon bei den Vorsokratikern, aus deren Munde die ersten dunklen Laute der abendländischen Philosophie zu uns dringen, finden wir Bekenntnisse zum Naturrecht. Für Heraklit ist es die höchste Weisheit, im Leben und Handeln der „Natur" zu gehorchen; sie stellt das göttliche Grundgesetz auf, von dem sich alle menschlichen Satzungen nähren[3]. Hier wird bereits einsichtig, daß unter der Natur, Physis, der es zu gehorchen gilt, nicht das rein Physische im heutigen Sinne gemeint sein kann, sondern etwas viel Umfassenderes verstanden werden muß, der Kosmos schlechthin; die gesetzlichen Ordnungen, die das gesellschaftliche Leben der Menschen regeln, sind die gleichen, die im Weltall den Gang der Planeten bestimmen; Kosmos ist aber auch die Polis, das

Zentrum griechischen Lebens und Trachtens. Wie an den Polen sich nach ewigen Gesetzen der Umschwung der Gestirne vollzieht, so kreist in der Polis das Herzblut des menschlichen Lebens. Das war übrigens auch die uralte Weisheit der Chinesen, die es als höchsten Ruhm eines Fürsten priesen, er habe den Staat mit dem Gange der Gestirne in Einklang gebracht[4]; und etwas davon lebte noch in dem deutschen Dichterjuristen Joseph v. Eichendorff, wenn er schrieb[5]:

„Die Staatskunst ist wie die Astronomie, wie diese den Gang der Gestirne, so sucht jene das ewige Gesetz der Bewegungen und Wechselbeziehungen der ethischen Kräfte des Menschen zu entdecken, um das natürliche Planetensystem der Gesellschaft herzustellen."

Dieses wahrhaft kosmische Rechtsdenken, dieses Naturrecht im vollsten Sinne des Wortes, spiegelt sich auch in der griechischen Mythologie[6]. Bei Homer ist Themis, eine der ehrwürdigsten Erscheinungen der mütterlichen Erdgottheit Gaia, des „heiligen Abgrunds der Weisheit", die den Geist und Willen des Rechts, die Satzung, also das objektive Recht darstellt, aber doch schon in die olympische Verklärung eingegangen ist, an der auch ihre Tochter Dike, bei Hesiod die eigentliche Göttin der Gerechtigkeit, ihren Teil hat, die zugleich den Anspruch, das subjektive Recht, schützt; sie sitzt am Throne des später als Verkörperung des Nomos gedachten Zeus. So ist auch das Recht aus chthonischer Tiefe zu olympischer Höhe emporgeläutert. Das Naturrecht ist der ruhende Pol in der Erscheinungen Flucht, das überdauernde Element im ewigen Wandel, im Flusse des *πάντα ῥεῖ*; es ist eine Emanation des göttlichen Logos, der Weltvernunft und somit für jeden seinem Prinzip nach unmittelbar evident, der als Mensch des Logos teilhaft, *λογικός* ist. So kann bei diesem frühesten Naturrecht ein Dualismus, eine Spaltung zwischen Sollen und Sein eigentlich noch gar nicht gedacht worden sein; positive und ideale Norm fallen in dieser Frühzeit noch zusammen, zumindest richtet sich die positive immer wieder nach der idealen hin aus.

Aber schon in der Rechtsethik der Pythagoreer, sicherlich jedoch bei Platon, tritt die Spaltung zwischen der menschlichen und der „natürlichen“ Satzung, zwischen dem νόμῳ und dem φύσει δίκαιον beherrschend hervor. Von Natur gegeben ist das voraussetzungslos und unbedingt, das absolut Gerechte (ἀνυπόθετον), während alle menschliche Satzung nur bedingt, nur für den jeweiligen Zustand, für den konkreten Raum und die konkrete Zeit, also nur relativ gerecht sein kann. So steht der Vielheit der positiven Rechte die Einheit der Rechtsidee gegenüber. Die Rechtsidee ist das Urlicht, zu dem alle positive Satzung hinstrebt, aber Idee und Wirklichkeit sind durch eine unüberbrückbare Kluft, den χωρισμός, voneinander getrennt. Die Idee steht hoch über der Wirklichkeit, die auf sie hingerichtet ist und an ihr in verschiedenen Grade teilhaben kann. Diese Teilhabe, μέθεξις, ist stufenweises Hinstreben zur Idee durch das Zwischenreich, das μεταξύ des ewigen Werdens[7], des sich selbst Vollendenwollens; es ist die ewige Sehnsucht nach der Erfüllung einer unendlichen Aufgabe. Die Idee ist so zugleich das unerreichbare Ideal. So hat schon Platon den Ewigkeitswert des Naturrechtes erkannt und für alle Zeiten sichergestellt; wo in der Welt der Geist Platons weht, da lebt auch die Lehre des Naturrechtes.

Aber schon Aristoteles leugnet die absolute Transzendenz der Idee, verwandelt sie in Immanenz, er verlegt die Idee in die Dinge der Wirklichkeit selbst, die so ihre eigene Zielstrebigkeit, ihre Entelechie, ἐντελέχεια, gewinnen; ein berauschender Optimismus läßt es ihm möglich erscheinen, daß die Dinge der Wirklichkeit zu Erfüllungen der Idee werden – der Satz, daß alles Wirkliche vernünftig ist, könnte schon bei Aristoteles stehen. Vom Standpunkt der Rechtsbetrachtung aus kann man sagen, daß Aristoteles die platonische Ideenlehre zwar ihrer letzten metaphysischen Großartigkeit beraubt, zugleich aber dem Leben angenähert, praktikabel gemacht, aus ihr konkrete Richtpunkte für die Gestaltung der menschlichen Gemeinschaft gewonnen hat. Nunmehr wird auch die induktive mit der deduktiven Methode verbunden; während Platon noch eine Idealverfassung konstruierte, einen „besten“ Staat als Hort der Gerechtigkeit[8], hat Aristoteles bereits aus dem Studium von über 100 geltenden Verfassungen ein Bild von dem wirklich existierenden Staat zu gewinnen getrachtet, diese dabei aber zugleich auf ihren Wertgehalt hin analysiert. Nicht mehr die Vielheit in der Einheit bildet den Ausgangspunkt, sondern die Einheit in der Vielheit wird durch kritischen Vergleich zu ermitteln versucht. So werden Gesetz und Richterspruch logischer Weise zu Konkretisierungen der Rechtsidee, zur Anwendung der Gerechtigkeit auf den Einzelfall. Schon in der Nikomachischen Ethik steht der Satz, daß der Richter im Zweifelsfalle so zu entscheiden habe wie wenn er selbst der Gesetzgeber wäre[9] – eine Regel, die sich bekanntlich noch in modernen Gesetzbüchern, wie etwa dem Schweizer Zivilgesetzbuch von 1907, findet und auch im Gesetzbuch der katholischen Kirche, dem Codex juris Canonici von 1917, vernehmlich anklingt. Darüber hinaus hat Aristoteles auch bereits das Wesen der Billigkeit, der ἐπιείκεια, richtig erkannt; er sieht in ihr nicht etwas Metajuristisches, etwas künstlich von außen in das Recht Hineingetragenes, einen Einbruch in das Recht aus einer rechtsfremden Sphäre, sondern ganz im Gegenteil die letzte Vollendung des Rechtes selbst, die Korrektur der Einzelnorm aus der Rechtsidee heraus; darauf ist in anderem Zusammenhange noch zurückzukommen.

Die von Platon zu Aristoteles führende Linie setzt sich fort in der Stoa, der man zu Unrecht die „Entdeckung“ des Naturrechtes zugeschrieben hat[10] – die Stoiker haben es nicht erfunden, wohl aber gleichsam popularisiert und weiter vermenschlicht, dem praktischen Gebrauche zugänglich gemacht, also positiviert und konkretisiert. Wie später der mittelalterliche Nominalismus, so beginnt auch schon die Stoa die Idee abzuwerten und das Schwergewicht auf die Einzelerscheinung zu legen, so im Sozialleben auf die Bewährung einzelner Tugenden im konkreten Falle. So tritt an die Stelle der Teilhabe das Teilsein, an die Stelle der großen Maximen die praktische Lebensregel, an die Stelle der Axiomatik die Kasuistik. Zugleich aber wird das Naturrecht subjektiviert, nicht mehr als Gemeinschaftsordnung schlechthin aufgefaßt, sondern auf das einzelne menschliche Individuum bezogen; bei den Stoikern treten zuerst subjektive, unveräußerliche Menschenrechte auf, die ihrer Ansicht nach sogar den Sklaven zustehen sollten, was Aristoteles noch geleugnet hatte; jetzt wird die unverzichtbare individuelle Freiheit des Einzelmenschen gegen die Polis mit ihren Bindungen und Schichtungen gesetzt. In der Stoa gründet dann die römische Jurisprudenz mit ihrer vorwiegend praktischen Ausrichtung[11]; in ihren Klugheitsregeln des *honeste vivere, neminem laedere, suum cuique tribuere* können wir die Grundsätze des „Achtens" und „Teilens" erkennen, die wir in der Neuzeit bei Rudolf Stammler wiederfinden. So entsteht das nicht sonderlich tief empfundene, aber vitale und lebenskräftige Naturrecht eines Cicero oder Seneca. Cicero fand das Naturrecht in den Verkehrsregeln des Römischen Rechtes, im jus gentium, in der von der Natur allen Völkern diktierten rechtlichen und sittlichen Ordnung verwirklicht; und Seneca konnte vom Standpunkt des Naturrechts aus sogar die absolute Monarchie rechtfertigen, deren Opfer er später selbst werden sollte. Hier begegnen wir wiederum einer Positivierung des Naturrechtes, und wir werden sie später noch öfters beobachten können. So bietet unser Thema auch lehrreiche Beispiele für die Wellenförmigkeit, mit der sich manche Vorgänge der Geistesgeschichte vollziehen, indem sie auf verschiedenen Zeitstufen ähnlichen Tendenzen folgen.

Noch wenig geklärt ist die Stellung, die die Sophisten und Epikur zum Naturrecht eingenommen haben. Epikur gilt als Leugner des Naturrechts, als der „erste Rechtspositivist", der keine übergreifende ideale Norm des Gemeinschaftslebens anerkennen wollte, sondern nur individuelle Bindungen der Menschen aneinander durch Verträge. Aber darin steckt ja auch ein eminent naturrechtlicher Gedanke, wie sich später noch zeigen wird; zumindest mußte die Konzeption der individuellen Menschenrechte vom Epikuräismus her gewaltige Antriebe empfangen. Aber die ganze Materie bedarf noch zu sehr weiterer Einzeluntersuchung, als daß jetzt schon Endgültiges gesagt werden könnte. Diese ist um so dringender erwünscht, als von Epikur aus die mannigfachsten Verbindungslinien laufen zu Machiavell, aber auch zu Grotius, Hobbes, Thomasius, ja wohl auch zu Karl Marx und anderen Sozialreformern der neueren Zeit. Überhaupt ist der sozialreformerische, gelegentlich bis zum Revolutionären gesteigerte Zug des Rechtsdenkens für die ausgehende Antike charakteristisch. Man schwärmt nicht mehr von einem goldenen Zeitalter der Naturnähe, wie noch zur Zeit Platons, man träumt sich nicht mehr zurück in eine ferne schönere Vergangenheit, aber man ist bereit zu kämpfen für einen Idealstaat der Zukunft, in dem sich die Forderungen des Naturrechts verwirklichen sollen.

Damit kommen wir zu der Epoche, für die man immer noch keinen passenderen Namen gefunden hat als den des Mittelalters – ein Name, der sinnvoll wird, wenn man ihn deutet als Zeitalter der Vermittlung des antiken Geistesgutes an die Völker des europäischen Kulturkreises. Wir brauchen uns nicht mit der Widerlegung des alten Vorurteiles aufzuhalten, daß das „finstere Mittelalter" eine Zeit der philosophischen Stagnation gewesen sei und so auch für die Lehre des Naturrechtes nichts hätte leisten können. Eine gigantische Arbeit an den Quellen hat uns in den letzten Jahrzehnten eines Besseren belehrt; sie hat uns den Reichtum erkennen lassen, der in den philosophischen Systemen der Patristik und Scholastik steckt. Die großen Themen der abendländischen Metaphysik wurden damals gestellt[12], ohne rückwärtige Verbindung zur Scholastik kann weder ein Nicolaus v. Cues noch ein Leibniz, noch ein Kant oder Hegel, ja nicht einmal ein Brentano, Husserl, Heidegger voll verstanden werden. So ist auch die Naturrechtslehre der Scholastik, der Kirchenväter und Kirchenlehrer wieder zutage getreten[13], die an den Spätplatonismus anknüpft, ihm aber begreiflicherweise eine durchaus personalistische, theistische Wendung gibt. Das Naturrecht ist einer der großen

Ströme, auf deren Wogen Antike und Hellenismus ins Mittelalter und in die Neuzeit getragen werden. Für Augustin und seine Nachfolger ist die lex Dei als lex aeterna zugleich lex naturalis; Gratian erklärt für Naturrecht *quod in lege* (im Dekalog) *et in evangelio continetur*; somit ist das Naturrecht göttliche und damit unverbrüchliche Satzung geworden. Diese gibt die generellen Normen für alles menschliche Zusammenleben ab. Zugleich aber lebt der Wille Gottes auch in der Einzelseele, auch die Erbsünde hat Gottes Ebenbild im Menschen nicht tilgen können, daher kommen auch ihm Rechte zu, jedem ist *impressa notio boni*, der Hang zum Guten ist von Natur gegeben; damit ist der erschütternde Satz überwunden, der später Luther so tief beeinflußt hat, daß das Dichten und Trachten des menschlichen Herzens böse sei von Jugend auf. So steht auch die Kreatur in direkter Relation zum Schöpfer, sie ist auf ihn hingeordnet.

> „*Tu nos fecisti ad te, et cor nostrum inquietum est, donec requiescat in te.*"

Der gesamte Kosmos bildet einen Ordo, eine Stufenfolge der Hinordnung auf Gott, eine Pyramide, auf deren Staffeln die Geschöpfe stehen; dieser Gradualismus bestimmte ja auch die Struktur der mittelalterlichen Gesellschaft, wie sie sich etwa in der Heerschildordnung des deutschen Lehnrechts abzeichnet; und er zerbrach erst, als Nicolaus v. Cues das Donnerwort sprach: „*Finiti et infiniti nulla est proportio*" – vom Schöpfer zur Kreatur führt keine Brücke, sie sind miteinander in keiner Weise vergleichbar –; von hier aus wird der Weg frei zum absoluten Fürstenstaat, der sich zu einer weltenweit über dem Untertanen stehenden Souveränität erhebt. Auf diesem Gradualismus beruht auch die Hierarchie der Zwecke, die sich nach Thomas v. Aquin in einem Delegationsverhältnis der Rechtsnormen niederschlägt.

Die erhabene Geschlossenheit dieses Weltbildes mußte sich auch in den weltlichen Rechtsquellen spiegeln. So lesen wir im Prolog zum Sachsenspiegel Eikes von Repgow: *Got is selve recht, darum ist ihm recht lieb.* Got ist selve recht – d. h. er ist die Quelle allen Rechtes und als solche in sich selbst gerecht, autonom, und da er den Menschen „*nach ime selven gebildet und gelediget hat mit siner martere*“, so sind alle Menschen gleich als Gottes Kinder und von Natur aus frei, und so kann es Eike nicht fassen, daß es Unfreiheit geben solle, und er kann sie nur ableiten aus Zwang und unrechter Gewalt[14]; hier erhebt er sich zu echt naturrechtlicher Kritik am positiven Recht seiner Zeit, in dem die Leibeigenschaft praktisch anerkannt, aber auch noch von den Kanonisten theoretisch gerechtfertigt wurde; es sind prophetische Töne, die wir hier vernehmen und fast wie eine Vorahnung Rousseaus empfinden mögen. Überhaupt wollte Eike nicht, wie man immer noch gelegentlich hört, das Recht seines Stammes einfach „copeylich“ abschildern; nein, spiegeln wollte er es, ihm den Spiegel der Wahrheit vorhalten; sein Werk war nicht als rein private Meinungsäußerung gedacht, es wollte das Rechtsleben normativ beeinflussen, wenn auch ohne offizielle Autorisation; wenn Eike von der Königswahl handelt, so nimmt er sich nicht irgendeine konkrete Königswahl zum Vorbild, wie sie sich wirklich abgespielt hat, er urteilt vielmehr, wie sie ihrem Wesen nach sein soll, das er aus der Schau ihrer Idee heraus erkannt zu haben meint. So ist Eike ein Geistesverwandter Platons und zugleich ein Vertreter des Naturrechts in der weltlichen Sphäre; dabei steht er, wo es der Stoff verlangt, durchaus auf dem Boden der Empirie und gestaltet die Wirklichkeit mit genialer Einfühlungskraft nach. Auch bei Dante finden wir die ideale Konzeption eines umfassenden Menschheits- und Friedensreiches, eines Universalreiches, das allerdings zu seiner Zeit nur noch eine „hochherzige Utopie“ ohne Aussicht auf reale Verwirklichung war[15].

Auf den augustinisch-thomistischen Grundlagen ruht nun aber auch der ganze gigantische Rechtsbau der mittelalterlichen Kirche, beherrscht durch den von Luther später verworfenen Grundgedanken eines unabänderlichen jus divinum, über dessen Verhältnis zum jus naturale die Ansichten allerdings nicht ganz einheitlich waren. Zum jus divinum gehören auch die grundlegenden Sätze der kirchlichen Anstaltsorganisation, so der Satz, der heute noch in zwei Meter hohen Lettern auf Goldgrund im Innern der Peterskuppel prangt: *Tu es Petrus et super hanc petram aedificabo ecclesiam meam.* Das schließt aber nicht aus, daß in Abhängigkeit von diesem jus divinum eine positive menschliche Satzung, ein jus humanum, bestehen kann, das jenes ergänzt und auf dem von ihm nicht ausschließlich beanspruchten Gebiete Normen setzen kann, wo es eine akute Not zu wenden gilt, also aus menschlicher Notwendigkeit heraus; so steht neben der auf das Evangelium gegründeten Unscheidbarkeit der Ehe dem Bande nach die Trennung, die *separatio quoad terum et mensam,* die Aufhebung des ehelichen Gemeinschaftslebens, wodurch wenigstens das gröbste Ärgernis beseitigt werden kann. Aber das jus divinum genießt den unbedingten Vorzug des Ranges und der Würde; so ist die ganze rechtsetzende Tätigkeit der Kirche und der Päpste nur eine große Interpretation des geoffenbarten Rechtes. Das ist insofern für unser Thema bedeutsam, als auch hier eine Polarität vorliegt, die zu der zwischen Naturrecht und positivem Recht bestehenden eine Entsprechung bildet; indessen ist ein Widerstreit zwischen jus divinum und jus humanum ausgeschlossen, da dieses nur eine Konkretisierung darstellt; der Dualismus bleibt erhalten, aber doch im Sinne einer Rangordnung, wodurch ihm die Schärfe des Gegensatzes genommen wird. Eine Verbindung stellt auch die aequitas canonica dar, in der sich die Rechtsidee gegen den rigor iuris durchsetzt; auch dieses Stück Naturrecht ist später im weltlichen Billigkeitsrecht, etwa in der Equity-Justiz des englischen Kanzlergerichtes, säkularisiert worden[16]. So kann man zusammenfassend mit vollem Rechte das scholastisch-kirchliche Naturrecht eine Kulturleistung allerersten Ranges nennen; es ist der Mittelpunkt des christlichen Kulturdogmas geworden, und kein Geringerer als Ernst Tröltsch wollte diesem den gleichen Wert beimessen wie dem Trinitätsdogma.

Der Protestantismus leugnete dann das jus divinum und damit

die Quelle des transzendenten Naturrechtes, ohne entscheidend Neues an seine Stelle zu setzen. Der Entschluß Luthers, auf eine eigene anstaltliche Rechtsordnung für die protestantische Kirche zu verzichten und sie dem landesherrlichen Kirchenregiment zu unterstellen, führte zur Anerkennung des Staatsgesetzes als für die Kirche verbindlich; daraus erklären sich die zahllosen landesfürstlichen Kirchenordnungen des Reformationszeitalters. Wird auch keineswegs in Abrede gestellt, daß auch für sie das Gesetz der Gerechtigkeit die bindende Grundnorm darzustellen habe[17], so tritt dies doch jetzt nach außen nicht mehr mit voller Klarheit hervor und es entsteht zumindest der Anschein einer rein positiven, von der gottgewollten Obrigkeit aus souveränem Willen erlassenen Ordnung, der sich der Untertan zu fügen habe. Im weltlichen Bereiche ergab sich eine ähnliche Wendung aus der Rezeption des römischen Rechtes, das mit dem Glanze der kaiserlichen Majestät umkleidet seinen Einzug in Deutschland hielt; daher konnte Luther auch zum römischen Rechte durchaus positiv stehen, und hat dieses gerade die protestantischen Territorien mit überraschender Schnelligkeit erobert. Indem es vielfach damals schon zugleich als ratio scripta, also in naturrechtlicher Verkleidung, auftrat, konnte es erst recht unbedingten Gehorsam fordern und das heimische Recht in einem Maße zurückdrängen, zu dem es in anderen Ländern keine Entsprechung gibt. So zeigte sich schon hier die Gefahr, daß der echte Kerngedanke des Naturrechtes vorübergehend verlorengehen und die Rechtsvernunft dem kritiklosen Gehorsam gegenüber der positiv geltenden Satzung das Feld überlassen könnte.

II

Damit sind wir an der Schwelle der Neuzeit und zugleich beim zweiten Teile unserer Ausführungen angelangt. Wir kommen nunmehr in das eigentliche, das klassische Zeitalter des Naturrechtes, in dem dieses seine einmalige gestalthafte Formung empfing und zur weltumspannenden Macht wurde. Damit war aber zugleich die Tendenz des römischen Rechtes zur absoluten Vorherrschaft gebrochen; das Naturrecht wirkte mit der Kraft einer Gegenrezeption seiner vollständigen Durchsetzung entgegen und wirkte oft auch zugunsten des heimischen Rechtes; darin liegt seine eminente rechtsgeschichtliche Bedeutung.

Die Zeit, in der alle diese Vorgänge zu spielen beginnen, ist das 17. Jahrhundert; von dieser Zeit an wird das Naturrecht der beherrschende Faktor der Rechtsentwicklung. Zugleich unterliegt es aber auch selbst einschneidenden Wandlungen. Wie in der ganzen Philosophie, so macht sich jetzt auch in der Rechtstheorie der Zug zur Verweltlichung, zur Säkularisation, geltend; die Erfahrungswissenschaften fordern ihr Recht, deren Sieg sich in Persönlichkeiten wie Lionardo da Vinci, Galileo Galilei, Paracelsus, Kopernikus, Kepler ankündigt; im Hintergrunde von dem allen steht der spätscholastische Nominalismus, dessen Auswirkungen in alle Bereiche des Geisteslebens hinein gar nicht hoch genug eingeschätzt werden können[18]. Das ganze Lebens- und Weltgefühl erfährt grundlegende Wandlungen; der Humanismus stellt den Menschen in den Mittelpunkt des Denkens just in dem gleichen Augenblick, da Kopernikus die Erde als Mittelpunkt des Kosmos entthront hatte. Der unbedingte Glaube an die bergeversetzende Kraft der reinen Vernunft führte ab von religiöser Offenbarung, daher muß jetzt auch das Naturrecht vermenschlicht werden, es kann sich nicht mehr auf den Willen Gottes gründen, seine Wurzel muß gesucht werden in verbindlichen Handlungen der Menschen selbst; so wird es eine existentielle Voraussetzung der menschlichen Gemeinschaft. Wieder, wie schon einmal in der Antike, vollzieht sich der Übergang von der Transzendenz in die Immanenz. Wir stehen vor dem grandiosen Versuch, ein rationales Vernunftsystem des Rechtes zu entwerfen, aus dem alles praktisch geltende Recht unmittelbar fließen sollte. Also wird der Dualismus zwischen Natur- und positivem Recht jetzt nach oben, nach der Seite des Naturrechtes hin aufgehoben; nicht so ist es, daß das positive Recht das Naturrecht verdrängt, sondern umgekehrt: das Naturrecht will selbst positives Recht werden, es will unmittelbar verbindende Kraft in konkreten Normen für den Einzelfall gewinnen. Man könnte sagen, daß dergestalt ein deduktiver Monismus den Charakter des klassischen Naturrechts als eines Vernunftrechts ein für allemal festgelegt hat.

Der Schauplatz, aus dessen Boden diese Ideen zuerst ihre Nahrung zogen, war Holland, jenes Land, dessen kleines, aber durch die Blüte seines Handels kulturell gehobenes Volk im Befreiungskampfe gegen die spanische Zwingherrschaft sein großes Gemeinschaftserlebnis gefunden hatte, wo aber auch die konfessionelle Zersplitterung zu religiöser Toleranz und zur Abkehr von kirchlichem Despotismus führen mußte. Kurz nachdem die „sieben Provinzen“ ihre Unabhängigkeit von Spanien erklärt hatten, wurde zu Delft Hugo Grotius geboren, dem man den Ehrennamen eines „Vaters des Natur- und Völkerrechtes“ verliehen hat[19]. Wir kennen allerdings heute seine Vorläufer besser als vordem – im Völkerrecht die großen Spanier Vittoria und Suarez, im Naturrecht den Friesen Althusius, dem Otto Gierke eines seiner schönsten Bücher gewidmet hat[20] – aber sein Ruhm, die beiden Rechtsgebiete miteinander verbunden und systematisch ausgebaut zu haben, bleibt ungeschmälert.

Es erwies sich als höchst bedeutsam, daß das Naturrecht von Grotius in engste Verbindung mit dem Völkerrecht gebracht wurde, dessen Wissenschaft zu begründen er als seine patriotische Pflicht gegenüber seinem kleinen, aber mächtig in die Weite ausgreifenden Vaterlande empfinden mochte. Da es im Völkerrecht noch an jeder positiven Satzung gebrach, mußte es unmittelbar auf die Axiome der Vernunft selbst gestützt werden, vor allem auf den Vertragsgedanken, auf den Satz „Pacta sunt servanda“, der so in eine zentrale Stellung einrückt. Das bedeutet aber, daß nunmehr auch die Staaten unter dem Rechte stehen, das sie selbst geschaffen haben, indem sie einander ihren Willen in bindender Form erklärt haben; darauf eben beruht die Verpflichtungskraft des Völkerrechts. Man hat dagegen oft eingewandt, der eigene Wille könne niemand binden, da er ja wandelbar sei. Das trifft aber nicht mehr zu, wenn man sich einmal seiner entäußert hat, indem man ihn zur Grundlage des Vertrauens für andere gemacht hat. So kommt hier schon ein Rechtsprinzip zum Durchbruch, in dem man ein oberstes Axiom erblicken kann, das aber auch induktiv aus der Rechtsgeschichte aller Kulturvölker erschlossen werden kann: das Prinzip des konsequenten Handelns, der Selbsttreue, die den Anspruch auf die Treue des Partners verleiht. Von größter Wichtigkeit wird es ferner, daß seit Grotius auch für den souveränen Staat selbst das Prinzip des Rechtes gilt, nicht mehr die bloße „Staatsraison" Machiavells. Selbst im Kriege soll jetzt das Recht gelten, während bis dahin der Krieg alles Recht entmachtet hatte; der Satz „*inter arma silent leges*" büßt nunmehr seine Kraft ein. Der Schutz der kleineren Staaten und die Ächtung des Aggressionskrieges sind Folgesätze aus diesen Prämissen. Die Staaten sollen jetzt eine unzerstörbare Rechtsgemeinschaft bilden, deren Existenzbedingungen im Naturrecht gegeben sind.

Und wie steht es mit der tieferen Begründung dieses weltlichen Naturrechts, von dem wir bisher doch nur eine Seite kennengelernt haben, mit seiner allgemeinen Gültigkeit für jede denkbare menschliche Gemeinschaft? Diese fundiert Grotius ganz aristotelisch auf die gesellige Natur des Menschen schlechthin, auf seinen appetitus socialis, auf das Wesen des Menschen als eines *ζῷον πολιτικόν*. Dieses Naturrecht steht aber dann auch über aller menschlichen Satzung, ja sogar über aller göttlichen Offenbarung; es findet sich bei Grotius der kühne Satz, es müsse auch gelten, wenn es keinen Gott gäbe, der sich um die menschlichen Angelegenheiten kümmere[20a]. Dieser fast ketzerisch klingende und viel angegriffene Satz bedeutet im Munde eines Grotius alles andere als eine Gotteslästerung oder Gottesleugnung; waren es doch gerade religiöse Konflikte, die den aufrechten Mann seiner Stellung beraubt und aus seinem Vaterlande vertrieben haben; er bezeichnet vielmehr den Standpunkt, daß die Schöpfung dem Schöpfer gegenüber objektiviert, daß sie dem Menschen als autonomem sittlichen Wesen zu verantwortlicher Selbstverwaltung überlassen sei, daß er als freie Persönlichkeit in der Gemeinschaft freier Persönlichkeiten sein Leben selbst zu gestalten imstande und verpflichtet sei. Es sind epikuräische Gedanken, die man hier wiedererkennen kann, und zugleich kündigt sich schon der Umschlag des Theismus in den Deismus an, in dessen System Gott nur noch als der erste Beweger, als der Demiurg erscheint, der aber in den Weltlauf weiterhin nicht mehr eingreift. So spiegelt sich im Naturrecht des Grotius das neue Kulturideal der säkularisierten Völkergemeinschaft.

Nur mit wenigen Worten soll darauf hingewiesen werden, daß das Lebenswerk des Grotius zugleich den Beweis für die Bedeutung liefert, die dem Naturrecht für das Wiederaufleben des heimischen Rechtes zukommt. Als über ihn ohne geordnetes Rechtsverfahren und ohne gesetzliche Grundlage lebenslängliche Haft verhängt worden war, der er allerdings nach zwei Jahren entfliehen konnte, schrieb er im Gefängnis seine „Einleitung in die Holländische Rechtsgelehrtheit"[21], die erste wissenschaftliche Darstellung des geltenden niederländischen Rechtes; und obwohl er dabei der Rezeption des römischen Rechtes Rechnung trug und dessen Systematik zugrunde legte, so stand er ihm doch mit Kritik gegenüber; da er des gelehrten Apparates entbehrte und so der Gefahr entrückt war, mit gehäuften Zitaten zu prunken, verwandte er vielfach die heimischen Rechtsquellen, die ihm aus eigener praktischer Anschauung bekannt waren, als Induktionsmaterial und schuf so ein Werk durchaus eigenen Stiles und persönlicher Prägung. So entstand ein Amalgam aus römischem und heimischem Recht, durchgeistigt von dem beharrlichen Streben nach vernünftiger Ordnung, und daß es der lebendige Ausdruck des Rechtsbewußtseins seiner Zeit geworden war, das hat dem Buche einen Erfolg gesichert, wie er nur wenigen juristischen Privatarbeiten je beschieden war. Es ist in den Rang einer Kodifikation aufgestiegen und hat als solches in den südafrikanischen Republiken und auf der ehemals zu Holland gehörenden Insel Ceylon bis zur Gegenwart seine Geltung bewahrt.

Die Lebensleistung des großen Holländers blieb auch in Deutschland nicht ohne tiefe Wirkung. Samuel von Pufendorf[22] war mit der Gedankenwelt des Grotius bereits vertraut, als er in Holland die praktische Anschauung eines wohlgeordneten Staatswesens gewann; und ein Sohn des Meisters war es, dessen Empfehlung ihm die Professur für Natur- und Völkerrecht in Heidelberg verschaffte. Aber die naturrechtliche Lehre mußte bei ihm infolge der veränderten Verhältnisse, unter denen er sie weiterbildete, eine ganz andere Färbung annehmen. Pufendorf stand unter dem Eindrucke des absoluten Fürstenstaates, wie er sich auf dem Boden des zerfallenden Deutschen Reiches nach dem Westfälischen Frieden von 1648 konsolidiert hatte; so ist sein Naturrecht in erster Linie eine Staatsethik und Bürgerlehre geworden. Man darf dabei den Einfluß nicht übersehen, der von John Hobbes ausging, und manche haben Pufendorf schon auf die einfache Formel „Grotius plus Hobbes" bringen wollen. Dies scheint mir indessen eine unzulässige Vereinfachung zu sein und der Selbständigkeit nicht gerecht zu werden, die Pufendorf gegenüber seinen Vorbildern bewahrt hat, besonders Hobbes gegenüber. Er teilt nicht dessen Pessimismus, der zwar auch von der Natur ausgeht, aber von der Wolfsnatur des Menschen, *homo homini lupus*, und den Staat auffaßt als die Zwangsanstalt, in der die Wölfe im Zaume gehalten, die triebgepeitschten sozialen Atome in eine feste Ordnung gebracht werden – das ist sozusagen die Übertragung des extremen spätscholastischen Nominalismus auf das Gebiet des Soziallebens. Aus bitterster Notwendigkeit, aus nacktem Selbsterhaltungstrieb zur Vermeidung des Kampfes aller gegen alle und aus Angst vor drohender Selbstvernichtung schließen die Menschen nach Hobbes miteinander Verträge auf Gründung des Staates, sie schließen den Subjektions- und Delegationsvertrag, wobei sie ihre Macht einem Herrscher übertragen und sich diesem unterwerfen. Dabei hat Hobbes natürlich nicht historisch wirkliche, sondern ideelle, fiktive Verträge im Sinne eines heuristischen Prinzips im Auge. Die Unterwerfung aber geschieht vorbehaltlos und unbedingt; der so begründete Staat, der große Leviathan, verschlingt das Individuum, der Herrscher als Despot, als „sterblicher Gott“ fordert uneingeschränkten Gehorsam. Im Zeichen eines harten Muß lernen die Menschen miteinander auszukommen und nur die Staatsraison gebietet Schonung des Untertanen im eigenen Interesse. Gegen diesen fast tragisch zu nennenden Pessimismus setzt Pufendorf seinen eudämonistischen Optimismus; der Mensch ist bei ihm von Natur sozial wie bei Grotius, der Staat eine Form der freigewollten Gemeinschaft, nicht auf Haß gegründet, sondern auf das Ergänzungsbedürfnis, auf die *imbecillitas* des Menschen als eines Mängelwesens, im erhabeneren Sinne auf Nächstenliebe, Harmonie, Humanität. Daher tritt Pufendorf für einen gemäßigten Absolutismus ein, sein Staat ist rechtsgebunden, *ius* und *leges* können auseinanderfallen, das Recht steht über den einzelnen Gesetzen; und zugleich werden dem Einzelnen schon unverlierbare Menschenrechte zuerkannt, angeborene oder wohlerworbene, deren Summe das System des Privatrechtes ausmacht, dem Pufendorf schon seine volle Aufmerksamkeit zugewandt hat, dessen Regeln er der „Natur der Sache“ entnimmt und aus der praktischen Vernunft begründet. Die Rechte sind dem Menschen gegeben, damit er seine sozialen Pflichten erfüllen kann – so wird das Müssen zum ethisch und rechtlich verpflichtenden Sollen veredelt. Hier öffnen sich weite Perspektiven auf die Ausgestaltung der Menschenrechte, etwa im englischen Common law – man denke an die Habeas-corpus-Akte, deren Grundgedanken heute noch das Palladium der Freiheit in den angelsächsischen Ländern bilden, an die amerikanischen Verfassungen mit ihren weiten Auswirkungen auf dem europäischen Festland, die durch die französische Revolution verewigt wurden. So entfaltet sich die individuelle Seite des Naturrechts immer reicher, die eine sehr wichtige, aber durchaus nicht die allein maßgebende unter seinen Ausprägungen darstellt.

Dieser individualistische Zug des Naturrechts verstärkte sich in der Folgezeit auch in Deutschland, etwa in der Lehre des

Christian Thomasius[23]. Seine Verdienste um die Abschaffung veralteter Mißbräuche, sein mutiger Kampf gegen Hexenprozesse und Folter, seine Verdienste um die Eroberung des Katheders durch die deutsche Sprache, um Studienreform, Belebung des Rechtsunterrichts, Volksbildung und Volksaufklärung werden stets hoch in Ehren gehalten werden, auch wenn wir heute seiner Sozialtheorie skeptischer gegenüberstehen als früher. Er leitete eine Spätzeit des Naturrechts ein, in der der Quietismus eines unpolitisch gewordenen Bürgertums in den stagnierenden deutschen Kleinstaaten des 18. Jahrhunderts seinen Ausdruck findet, wo der Bürger zwar die Förderung seines Erwerbs im Zeichen des Merkantilismus dankbar hinnahm, dabei aber den Verlust seiner politischen Selbstbestimmung, die nahezu einer Entmündigung gleichkam, nicht mehr schmerzlich empfand; wo er sich zwar freute, daß Geld ins Land strömte, daß prunkvolle Bauten entstanden, eine reiche Kunstpflege und ein behagliches Leben möglich wurden, wo es aber nur zu gern die Augen verschloß vor den Mitteln, mit denen dies alles erreicht wurde, etwa dem Soldatenhandel, der in manchen Fürstenstaaten ein kaum vorstellbares Maß erreichte. Das Naturrecht bekam unter diesen Vorzeichen ein flach moralisierendes Gepräge, die Wahrung des „decorum", der praktische Nutzen für das tägliche Leben traten in den Vordergrund und seine Zielsetzung blieb wesentlich im Negativen stecken, in der Verhinderung von Reibungen und der Abgrenzung der individuellen Sphären voneinander, also einem modus vivendi, einer Ausgleichsordnung. Aus dem Naturrecht der Persönlichkeit in der Gemeinschaft, wie es noch Pufendorf vorschwebte, wurde das Naturrecht des Individuums in der Gesellschaft. Sucht man nach entsprechenden geistigen Strömungen in anderen Ländern, so stößt man auf den ordre naturel der französischen Physiokraten, auf die Theorie einer freien Wirtschaft bei Adam Smith oder Jeremy Bentham[24]. Wenn diese liberalen, das Grundprinzip des Naturrechts voraussetzenden Systeme in anderen Ländern eine andere Wirkung gehabt haben als bei uns, die wir sie später übernommen haben, so liegt dies daran, daß sie dort mit einer durch eine alte und starke Tradition politischer Erziehung gefestigten Selbstkontrolle des Bürgertums zusammentrafen, die dem deutschen, im Polizeistaat entmachteten Bürgertum fehlte, so daß die plötzliche Sprengung dieser Ketten am Beginn des 19. Jahrhunderts zu einer Entfesselung aller zügellosen Instinkte, schließlich aber zur Entartung und Selbstaufhebung des Freiheitsbegriffes führen mußte.

Um die gleiche Zeit, im 18. Jahrhundert, traten nun aber auch theoretische Systeme auf, in denen das Naturrecht in gewisser Weise seine Akme erreicht, in denen es sich aber gleichzeitig auch schon zu überschlagen und ad absurdum zu führen beginnt, wo es seiner eigenen Idee untreu wird und einen Zustand erreicht, den Aristoteles als „Parekbasis" bezeichnet haben würde. Jetzt wollte man aus allgemeinen Axiomen ausnahmslos und überall gültige Einzelregeln deduzieren, und zwar möglichst nach mathematischer Methode; Mathematik galt als die unerläßliche Vorbereitung auf das Rechtsstudium, die Professuren für Mathematik und Naturrecht lagen oft in derselben Hand. Die Rechtssätze sollten nach euklidischer Methode demonstrierbar sein. Man las Strafrecht nach den Grundsätzen der Weltweisheit, ohne Rücksicht auf die grundlegenden sozialen Verhältnisse; man konstruierte Systeme im luftleeren Raum; Naturrecht sollte sein „*quod apud omnes gentes observatur*" – also was bei allen Völkern als positives Recht gilt, nicht etwa gelten sollte. Robinson, der von allen kollektiven Bindungen befreite, der eigentlich rechtlose Mensch, wird ein Lieblingstypus der Literatur. Das ist die Höhe der statisch-analytischen Betrachtungsweise, des deduktiven Monismus. Hier ist aller Boden unter den Füßen verloren, das Recht senkt seine Wurzeln nicht mehr in das fruchtbare Bathos der Erfahrung, alle Lebensbegriffe sind zu bloßen Denkkategorien umgestaltet. Gerade dieser Irrweg ist es, den die Historische Rechtsschule bekämpft und mit vollem Bewußtsein verlassen hat – wobei sie allerdings das Kind mit dem Bade ausschüttete, indem sie zugleich die ewige Idee des

Naturrechts in den Hintergrund treten ließ. In der Praxis der Gerichte scheint dieses „Professorenrecht“[25] des 18. Jahrhunderts übrigens nur geringen Einfluß gewonnen zu haben; darauf bezieht sich wohl der Ausspruch Goethes, der mit der Praxis sicher mehr Fühlung hatte als mit der Theorie, wonach vom „Rechte das mit uns geboren ist“ leider nie die Frage sei. Auch der Einfluß dieses Naturrechts auf die großen Kodifikationen der Jahrhundertwende darf nicht überschätzt werden; wenn es auch eine gewisse Grundstimmung abgab, so sind doch sowohl das Preußische Landrecht wie auch der Code civil Napoleons ganz betont auf der historischen Tradition aufgebaut, und das Allgemeine Bürgerliche Gesetzbuch für Österreich zeigt bereits die Spuren des Läuterungsprozesses, dem das Naturrecht in der Transzendentalphilosophie Immanuel Kants unterworfen worden war.

Aber die soeben geschilderte Versandung des Naturrechts ist nicht die einzige Entwicklungslinie, die wir zu verfolgen haben[26]. Daneben läuft ein anderer Strang über Leibniz zu einer Reihe von Naturrechtlern, für die Montesquieus empirisch-pragmatische Rechtsauffassung vorbildlich geworden war; ich nenne von ihnen nur den Gegenspieler Savignys, den Heidelberger Juristen Justus Thibaut, der nicht nur als tiefer Denker auf rechtlichem Gebiete, sondern auch als begeisterter Förderer der Kunst, vor allem als Wahrer einer gefährdeten Tradition auf dem Gebiete der Musik, ein ehrenvolles Gedenken verdient. Leibniz wandte sich schon ab von der mathematisch-deduktiven Logik seiner juristischen Zeitgenossen, genau wie er ja auch in der mathematischen Funktionentheorie seine eigenen Wege ging; er verfolgte die Bildung des Rechtes im Prozesse der Geschichte, trug also wieder der Induktion Rechnung; seine historischen Forschungen und Kodifikationspläne stehen damit in engem Zusammenhang. Für ihn ist die Jurisprudenz nicht ein Teil der Natur-, sondern der Kulturwissenschaften[27] und gerade als solche nach den höchsten Prinzipien hin orientiert, da sich das Recht des einzelnen Kulturkreises stets vor dem Forum der

Gerechtigkeit zu verantworten hat; Gerechtigkeit aber ist *caritas sapientis*, wissende Nächstenliebe, Freude am Glück der Mitmenschen, gegenseitiges Wohlwollen, das Zeichen des ewigen Rechts, der Leitstern jeder Gesetzgebung. So stellte Leibniz den Dualismus wieder her, den Kant später in die Frage nach dem Gerechtigkeitswert des Rechtes, in die „*quaestio iuris iuris*" bannte. Zugleich bereitete das deduktive Naturrecht von einer anderen Seite her seine Selbstüberwindung vor, indem es sich immer mehr mit historischem Induktionsmaterial sättigte. Wir stehen hier wieder einmal vor dem Grundgesetz alles geistigen Werdens, das kaum irgendwo so klar hervortritt wie im Recht, daß nämlich jede bis auf die Spitze getriebene Denkrichtung zur Selbstaufhebung und Selbstüberwindung tendiert. Dies geschieht hier wie auch sonst nicht in der Art eines jähen Umbruchs oder plötzlichen Umschlagens in das Gegenteil, vielmehr in langsamen Übergleiten, das dazu führt, daß das schon lange vorbereitete, zunächst latent gebliebene Neue sich fast unmerklich an die Stelle des Alten setzt – wie wenn, um ein Bild aus dem Theaterleben zu gebrauchen, die auf dem Bühnenwagen oder der Drehbühne vorbereitete neue Dekoration sich langsam in den Vordergrund schiebt. Und machen wir die Gegenprobe von der Seite der Historischen Rechtsschule – so naturrechtsfeindlich sich diese auch gebärdete, ganz und gar konnte sie die Bindung an das naturrechtliche Denken niemals verleugnen, wenn dieses auch in eigenartiger Verbrämung auftritt; war doch schon für Carl Friedrich von Savigny das römische Recht, dessen historische Schichtungen und byzantinische Verwerfungen er nicht erkannte und auch noch gar nicht erkennen konnte, nichts anderes als die ratio scripta, die fleischgewordene Vernunft, der nachzudenken und nachzuleben die einzig würdige Aufgabe der Rechtswissenschaft und Praxis sein sollte. Das ist wieder eine Art von Pseudomorphose des Naturrechts, wobei natürlich sein Bestes, das kritisch Fordernde, verlorenging. Naturrecht und Historismus sind „Antipoden, die sich mit den Füßen berühren"[28]; schon Gustav Hugo, der Vorläufer

Savignys, nannte das römische Recht „unser Naturrecht“[29]. Savigny konnte es nicht verwinden, daß die französische Revolution im Zeichen des Naturrechtes gesiegt hatte, und er flüchtete sich in den Quietismus des stillen, pflanzenhaften Wachsens des Rechtes aus dem „Volksgeist“, der bei ihm aber mehr eine ästhetisch-literarische Konzeption denn ein realer Begriff war. Daher auch seine Feindschaft gegen die Gesetzgebung – denn er bestritt ja in seiner berühmten, gegen Thibaut gerichteten Programmschrift von 1814 nicht nur seiner, sondern im Grunde genommen jeder Zeit den Beruf zur Gesetzgebung[30], da er im Gesetz stets etwas Revolutionäres, einen gewaltsamen Eingriff in den natürlichen Ablauf der Rechtsbildung sehen mußte. Es war die doppelte Tragik in Savignys Leben: einmal, daß der Romanist in ihm den Romantiker besiegt hat, und er nun auf alle mögliche Weise und mit recht künstlichen Unterstellungen versuchen mußte, das römische Recht als Emanation des deutschen Volksgeistes und seine Rezeption als „historische Notwendigkeit“ zu begreifen; und zum zweiten, daß er, der den Wert der Gesetzgebung anfangs so bestimmt geleugnet hatte, was schon Hegels Unwillen erregte, in seinem späteren Leben doch erkennen mußte, daß es nicht ohne Gesetze gehe und in den Jahren vor 1848 sogar preußischer Minister für Gesetzgebung wurde – eine Stellung, die seiner geistigen Grundhaltung nicht entsprach und ihm selbst, aber auch allen Freunden des Fortschritts bittere Enttäuschungen bereitete. So ist sein Name, hoch gefeiert im Zeichen der reinen Gelehrsamkeit und wie kein zweiter bedeutsam für die internationale Geltung der deutschen Rechtswissenschaft, doch zugleich verknüpft mit der Stagnation des deutschen Rechtes im 19. Jahrhundert, während z. B. in Österreich die letzte Kraft des Naturrechts in ein Gesetzgebungswerk einströmte, dessen unverwüstliche Lebenskraft für die Gesundheit seiner Grundlagen beredtes Zeugnis ablegt[31].

Stand so Savigny doch noch in der großen naturrechtlichen Tradition, bürgte seine Persönlichkeit dafür, daß in seinem

Werke die Idee der Gerechtigkeit ihren Platz fand, so vollzog sich unter seinen schwächeren Nachfolgern die radikale Wendung zum Historismus und extremen Positivismus. Das war der schlimmste Mißbrauch des juristischen Denkens, den die deutsche Rechtsgeschichte zu verzeichnen, den das deutsche Volk je durchlitten hat. Jetzt erst, schärfer noch als in der eigentlichen Rezeptionszeit, trennten sich Volksrecht und Juristenrecht, das Rechtsgefühl des Volkes blieb ungestillt, seine Rechtsgelehrten, einseitig und im einzelnen auch nicht erfolglos bemüht, die Quellen des Pandektenrechtes zu interpretieren, gaben ihm Steine statt Brot; auch die Urteile der obersten Gerichte sprachen oft genug eine dem Volke unverständliche Sprache. Der Irrlauf des rein deduktiven Naturrechts wiederholte sich unter einem anderen Vorzeichen: Das Recht wurde ein bloßes abstraktes Begriffssystem, unberührt von den drängenden sozialen Problemen der Zeit. Vielleicht ohne es zu wissen und zu wollen, übernahm man so die leere Form des Naturrechts, aber ohne seinen edlen Gehalt. Niemand wird verkennen wollen, daß keine Rechtsordnung der festen Grundlage positiver Normen entraten und daß auch deren Interpretation eine legitime Aufgabe der Wissenschaft bilden kann. Aber jener ausschließliche und bornierte Positivismus, der das 19. Jahrhundert kennzeichnete und über den sich nur einige wenige wie Rudolf v. Ihering erhoben, war ein Unglück; er war eigentlich ein Negativismus, ja ein Nihilismus, da er keinen höheren Bewertungsmaßstab anerkennen wollte als das vom Staate, also willkürlich und zufällig gesetzte Recht. Er war ein Zwillingsbruder des Skeptizismus und Agnostizismus, der auch die anderen Wissenschaften beherrschte, ohne aber ihre stürmische technische Weiterentwicklung zu hindern. Gerade die übersteigerte Technisierung des Rechts führte in Verbindung mit dem antiquarischen Zuge der Rechtswissenschaft zu einer „Rechtswissenschaft ohne Recht", zu einer „rechtsleeren Rechtslehre", in der die Fragen nach den obersten Prinzipien der Gerechtigkeit bewußt beiseite geschoben wurden[31a]. Jetzt schien an die Tore der Gerichtssäle das Wort geschrieben zu sein „*Fiat justitia, pereat mundus*" – wobei unter *justitia* eben nicht die Gerechtigkeit, sondern der formale Kult des Gesetzeswortlauts zu verstehen war; oder auch jenes andere, den Einfluß der antiken Rhetorik verratende[32] „*summum ius summa iniuria*", das man aus dem Zeitgeist heraus etwa dahin deuten kann: Es ist verboten, eine formallogisch schlüssige Entscheidung am Maßstabe der Gerechtigkeit nachzuprüfen. Das Positive bekam so den „Nimbus des Logischen", der die deutschen Juristen blendete[33] und sie zum „Rechnen mit Begriffen" verführte. Der Kadavergehorsam gegenüber aller positiven Satzung wurde dem Juristen zur zweiten Natur, er kennzeichnete noch die Rechtspflege der wilhelminischen Epoche und erreichte unter der Herrschaft des Nationalsozialismus seinen Höhepunkt. Der Gedanke des Widerstandsrechtes gegen offenbar ungerechte Satzung, der unseren Vorfahren teuer war und noch von Kant vertreten wurde, geriet in Vergessenheit.

Wo man noch vom Naturrecht sprach, geschah es in voller Geringschätzung, ja manchmal in fast zynischem Hohne. Als 1892 der tapfere Don Quichote Karl Bergbohm auszog, um das Naturrecht noch einmal zu widerlegen und mit den Keulen exaktester positivistischer Beweisführung vollends zu erschlagen, oder um mit seinen eignen Worten zu sprechen, „das Unkraut Naturrecht mit Stumpf und Stiel auszurotten"[34], da lächelten sich die Auguren zu, die das nur noch für einen Kampf gegen Windmühlenflügel hielten, für den Eselstritt, der einem toten Löwen galt. Den Juristen des fin de siècle war das Naturrecht nur noch ein wesenloses Phantom. Aber das Phantom ist zum rächenden Dämon geworden, in dessen Namen wir heute über den Positivismus Gericht halten, aus dessen Fesseln wir uns hoffentlich für immer befreit haben.

III

Damit beginnt der letzte, abschließende Abschnitt, der uns die Gegenwart des Naturrechtes in der systematischen Rechtstheorie, aber auch seine Wirksamkeit in der Rechtspraxis vor Augen führen soll. Eine ganze Reihe von Faktoren hat zur Wiedergeburt des Naturrechts zusammengewirkt, von denen ich nur die drei bedeutsamsten hervorheben kann. Einmal hat sich in der kirchlichen Rechtslehre[35] der Naturrechtsgedanke immer gehalten und ist im neueren Schrifttum kräftig wiederbelebt worden. Daß auch der Codex iuris canonici, das seit 1918 geltende Gesetzbuch der katholischen Kirche, dem Naturrecht den gebührenden Platz einräumt, wurde bereits erwähnt. Nach dieser Auffassung ist das Recht niemals nur Menschenwerk und menschlicher Willkür unterworfen; es hat einen unabdingbaren metaphysischen Geltungsgrund. Einen zweiten Ansatzpunkt bildet die Rechtsauffassung des Sozialismus, die in ihrer Tragweite lange verkannt wurde[35a]. Diese mußte sich gegen das positive Recht und zugleich gegen den Rechtspositivismus wenden, insofern sie in ihm nur den Exponenten der Klassenherrschaft erkennen konnte. In Deutschland hatte sich eben, anders als in den angelsächsischen Ländern, der Liberalismus mit dem Positivismus verbündet und daher auch im Zeichen des römischen Rechts oder, besser gesagt, dessen was man im 19. Jahrhundert für römisches Recht ausgab, seine Erfolge erzielt. So konnte der Positivismus leicht als das Instrument erscheinen, mit dessen Hilfe eine überalterte Besitz- und Machtverteilung festgehalten werden sollte, und der Kampf der Arbeiterschaft war nicht nur ein Kampf um bessere materielle Lebensbedingungen, sondern zugleich um Freiheit, Gerechtigkeit und Menschenwürde. Endlich gingen aber auch vom Auslande Impulse aus, insbesondere von der Wissenschaft des Völkerrechts, die in Deutschland trotz der bedeutsamen Leistungen einzelner Gelehrter doch immer mehr ins Hintertreffen geriet, jedenfalls nicht in ihrer zentralen Bedeutung für die gesamte Rechtsstruktur erkannt wurde, bis es endlich zu einer Zersetzung des Völkerrechtsbegriffs kam, zu seiner Wertung als bloßes „Außenstaatsrecht", zu seiner Verquickung mit dem Rassengedanken, und damit zu einem Naturalismus, der dem echten Begriffe des

Naturrechts ins Gesicht schlug. Je mehr wir wieder den Anschluß an die internationale Völkerrechtswissenschaft finden, um so kräftiger wird sich auch das naturrechtliche Denken in der deutschen Rechtslehre durchsetzen.

Nunmehr ist uns noch die genauere Prüfung der Frage aufgegeben, wie sich Naturrecht und positives Recht in Wirklichkeit zueinander verhalten[36]. Wir müssen dabei vom positiven Recht ausgehen, und führen zwecks näherer Klärung ein neues Begriffspaar ein, indem wir unterscheiden zwischen Rechtsbegriff und Rechtsidee.

Den Rechtsbegriff können wir in Anlehnung an Kant einen Transzendentalbegriff nennen. Er verschafft uns die Möglichkeit zu erkennen, was überhaupt Recht, geltendes, positives Recht ist, wie dieses sich abgrenzt von anderen sozialen Ordnungen, wie der Sitte oder der bloßen Konvention. Jeder Jurist weiß, wie wichtig diese Abgrenzung ist, wie genau in jedem einzelnen Falle unterschieden werden muß zwischen echtem Handelsrecht und bloßer Handelssitte, den Bräuchen des Handels, wie sie unter Kaufleuten üblich sind, aber ohne vom Bewußtsein rechtlicher Verbindlichkeit getragen zu werden; oder zwischen echtem Völkerrecht und bloßer internationaler Höflichkeit oder Konvention. Der Rechtsbegriff bestimmt also, was in concreto zur rechtlich-sozialen Ordnung gehört. Das positive Recht erfüllt den Rechtsbegriff, wenn es als zweckvolle soziale Ordnung funktioniert, wenn es den Anspruch auf Anerkennung erheben kann, und das ist dann der Fall, wenn es zumindest die Rechtssicherheit gewährleistet. Im Rahmen des Rechtsbegriffes ist die Rechtssicherheit das höchste Anliegen. Jede Rechtsordnung bedarf des Vertrauens der Rechtsunterworfenen und dieses erwirbt sie sich durch ihre innere Geschlossenheit und Widerspruchsfreiheit, kurz durch jene immanente Konsequenz, die wir schon als Prinzip des Handelns für den einzelnen Rechtsgenossen erkannt haben, die aber genau so für den Gesetzgeber gilt. Jedes positive Recht geht von gewissen Grundvorstellungen aus, von ersten „Setzungen“, denen es aber dann auch unbedingt treu bleiben und Folge leisten muß. Diese ersten Setzungen sind keine Willkürakte, sie ergeben sich aus der Lage der Gesamtkultur, in die das Recht eingebettet ist. So kann ein Recht das Kind dem Vater oder der Mutter zusprechen; mit Grund spricht man von vater- oder mutterrechtlichen „Kulturen“. Es gab Rechte, die die Aussetzung schwächlicher Kinder oder die Tötung alter Leute gestatteten oder sogar vorschrieben. Wenn aber in einem Recht einmal das Leben als absoluter Wert anerkannt ist, dann muß die Rechtsprechung es auch in jeder Beziehung schützen, und genau so steht es mit Eigentum, Erbrecht, Verträgen und allen anderen anerkannten Rechtsinstituten. Auch das positive Recht hat seine immanente Gerechtigkeit, aber diese ist zunächst eine relative; ob sie gewahrt ist, ergibt sich lediglich aus dem historischen Vergleich der Reaktionen des Rechts auf die gleichen Sachverhalte. In diesem Sinne, aber eben auch nur in diesem Sinne und in bezug auf den Rechtsbegriff ist es richtig, wenn man gesagt hat: Gerecht handeln heißt sich historisch richtig verhalten[37]. Historisch richtig aber heißt wiederum nichts anderes als konsequent. Widersprüche in der Rechtsordnung selbst wären Einbrüche in das oberste Rechtsprinzip und damit im vollsten Sinne ungerecht, weil sie eine Täuschung des berechtigten Vertrauens der Rechtsgenossen auf die historische Kontinuität der Rechtsordnung in sich enthalten würden.

So unterliegt das positive Recht zunächst der immanenten Kritik aus seinen eigenen historischen und kulturellen Voraussetzungen heraus. Da die Konsequenz, wie sich alsbald zeigen wird, ein naturrechtliches Prinzip ist, so ist schon für diese immanente Kritik das Naturrecht der bestimmende Faktor. Darüber steht aber noch die höhere Kritik des positiven Rechts, die Kritik unter dem Gesichtspunkte der Rechtsidee; diese ist dem Rechtsbegriff gegenüber transzendent, sie richtet sich nicht auf Zwecke, sondern auf Ziele und höchste Werte. Und da das Naturrecht, wie bereits gezeigt, nichts anderes ist als eben der Ausdruck der Rechtsidee, so kann auch diese höhere Kritik nur von der Instanz des Naturrechtes aus erfolgen. Erst sie führt über die rein logische, über die psychologische, ja sogar über die ontologische hinaus zur „deontologischen"[38] Rechtsbetrachtung.

Welches ist aber der letzte, höchste Wert, zu dessen Schutze das Recht aufgerufen wird, in dem die Rechtsidee ihren Zentralpunkt findet? Es kann nur ein Wert sein, der das Höchste in sich enthält, was der Mensch sein eigen nennt – und das ist die Persönlichkeit. Damit ist aber nicht das isolierte Einzelindividuum gemeint, sondern die Persönlichkeit in der Gemeinschaft, in ihrer Verbindung mit anderen Persönlichkeiten zur Gemeinschaft, denn aus verbundenen Persönlichkeiten und nicht aus summierten und zu Massen zusammengeballten Nullen besteht jede echte Gemeinschaft. Schelling hat diesen Gedanken in die lapidaren Worte gefaßt: „Person sucht Person"[39]. Erst durch das Verhältnis zu anderen, durch ihre wechselbezügliche Anerkennung wird der Einzelne zur Persönlichkeit, zur Person, zum Menschen im Rechtssinne. Diese Personenqualität kommt aber nicht nur dem einzelnen Menschen zu, sondern auch der kollektiv organisierten Gruppe; auch soziale Verbände genießen die Ehre und Würde einer Person, Parteien, Religionsgemeinschaften, Staaten und Nationen. Da auch der Mensch nicht schlechthin als physisches Lebewesen der Personalität teilhaft ist, sondern kraft der Anerkennung seiner geistigen Qualitäten durch die Rechtsordnung, des Wirkungszusammenhangs, der „Synthesis a priori" die er darstellt[40], so gibt es eigentlich nur „juristische" Personen. Die Würde der Person liegt im Festhalten an den dominanten Eigenschaften ihres Wesens. „Wer wirklich ausgeprägte Persönlichkeit ist, der trägt seine Maßstäbe eindeutig in sich, ist ihnen folgend sich selber getreu"[41]. Dann aber kann er die gleiche Treue auch von anderen verlangen, und auf dieser gegenseitigen Treuwahrung ruht das ganze Gemeinschaftsleben, und zwar um so mehr, je mannigfaltiger die menschlichen Beziehungen ausgestaltet werden; in dem Worte Kredit, das für die ganze moderne Wirtschaftsverfassung charakteristisch ist, liegt ja schon der Hinweis auf den Glauben an die Verlässigkeit des Partners. So besteht eine oberste Rechtspflicht des konsequenten, folgerechten Handelns. Rechtspflicht ist aber nichts anderes als das nach außen projizierte Ethos der Persönlichkeit. Diese Gegenseitigkeit ist zugleich die Basis der Mitverantwortung für gemeinsames Schicksal, jener Solidarität, die „das zutiefst schaffende Moment im Leben der Völker" ist und zugleich das Verhältnis der Nationen zueinander im letzten Grunde bestimmt.

So erkennen wir in der Konsequenz ein Grundprinzip des menschlichen Gemeinschaftslebens und zugleich ein Urphänomen der Gerechtigkeit. Konsequenz ist das Schlüsselwort, mit dem das wahrhaft allgemein und in jeder konkreten Lage sachgemäße menschliche Handeln bezeichnet wird. Schon viele haben diesen Zauberschlüssel in der Hand gehabt, sie waren ganz nahe an dieser grundeinfachen Einsicht in die tragende Grundlage der Gemeinschaft, aber sie haben nicht alle Schlüsse gezogen, die sich nunmehr zwingend ergeben. Wenn das Hochziel der Gerechtigkeit die Wahrung der Persönlichkeit und der Menschenwürde im Rahmen der Gemeinschaft ist, wenn aber andererseits im Naturrecht der geformte Ausdruck der Gerechtigkeitsidee liegt, so müssen sich alle naturrechtlichen Axiome auf jenen einen Grundgedanken zurückführen lassen. Und dies ist in der Tat der Fall. Ob wir sagen: pacta sunt servanda, oder: Gleiches muß gleich, Ungleiches ungleich behandelt werden, oder: Jedem das Seine – diese und ähnliche Sätze sind ja stets als Axiome des Naturrechts und als sein eigentlicher Inhalt angegeben worden – immer liegt darin der Sinn, daß ein konsequentes Verhalten gefordert wird. Und dies ist auch der leitende Gesichtspunkt, von dem aus wir im Namen des Naturrechtes an jede positive Rechtsordnung kritisch wertend herantreten. Sie muß sich zunächst im Wege der immanenten Kritik daraufhin untersuchen lassen, ob sie dem Gesetz ihrer eigenen Struktur widerspruchsfrei folgt, ob sie das Existenzminimum von Bedingungen garantiert, unter denen eine menschliche Gemeinschaft bei Bestand bleiben kann, ob sie in sich konsequent ist; sie muß aber auch die transzendente Kritik bestehen, die Prüfung auf ihre Treue, auf ihr folgerechtes Streben zur Rechtsidee. Man hat ja das Recht gelegentlich ein „ethisches Minimum" genannt (G. Jellinek); dies mag nicht unrichtig sein, solange wir uns in der Sphäre des rein positiven Rechtes bewegen; der Ausspruch trifft jedoch nicht mehr zu, wenn wir uns zur transzendenten Forderung vom Standpunkte der Rechtsidee aus erheben; dann würde sogar ein ethisches Maximum im Sinne des kategorischen Imperativs als Grundlage des Rechtes vorausgesetzt werden müssen.

So sehen wir des weiteren: Rechtsbegriff und Rechtsidee sind zwar voneinander unterscheidbar, aber sie sind wie die Glieder jeder echten Antithese zugleich in einer Synthese miteinander verbunden. Der Rechtsbegriff ist nach der Rechtsidee hin ausgerichtet, er tendiert auf ihre Erfüllung hin. Jedes positive Recht muß ein „Versuch zum Richtigen" sein; so hat es schon Rudolf Stammler [42] prägnant formuliert. Es kann sein, daß der Versuch mißlingt, daß die Rechtsidee in ihren Erscheinungen nur gebrochen in die Wirklichkeit tritt; das liegt daran, daß nicht nur alles menschliche Erkennen Stückwerk ist, sondern auch alles menschliche Wollen im Wahn befangen sein kann. Ein solches wahnschaffenes, fehlerhaftes Recht wird gelegentlich auch, und zwar geraume Zeit hindurch, Anerkennung durch die Rechtsgenossen finden können; auch ein Steuergesetz, das ungerechte Bewertungssätze aufstellt, muß vorderhand erfüllt werden; man wird auch nicht dem Richter, der ja in erster Linie dazu berufen ist, den abstrakten Rechtssatz in die konkrete Wirklichkeit umzusetzen, nicht ohne weiteres die Befugnis einräumen dürfen, nach seinem Gutdünken einem ihm unangemessen erscheinenden Gesetzesbefehl den Gehorsam zu verweigern oder ein verfassungsmäßig erlassenes Gesetz umzubilden; es ist die schwierige Frage des richterlichen Prüfungsrechtes, die hier nur mit einem flüchtigen Blicke gestreift werden soll. Das alles wird aber anders, wenn ein positives

Recht den Versuch zum Richtigen gar nicht machen will, wenn es bewußt nicht zur Rechtsidee hintendiert, wenn es sich in zynischer Offenheit zum Prinzip des Egoismus, der reinen Nützlichkeit für irgendwelche Zwecke bekennt. Dann ist es überhaupt kein Recht, auch kein fehlerhaftes und anfechtbares Recht, sondern ein Scheinrecht, ein Nichtrecht, das den Geltungsanspruch für sich usurpiert, obwohl es nur die Maske für eine Willkürherrschaft darstellt. Derartiges haben wir leider an uns selbst erlebt. „Recht ist, was dem Volke nützt" – wie schneidender Hohn klingt aus diesem Satze die Absage an den obersten Grundgedanken der Gerechtigkeit, die freilich nicht nach dem Nutzen fragt, vielmehr, wenn es sein muß, auch Opfer fordert. Man wird unwillkürlich an das Wort Schellings erinnert, das er in seinem Fragment über das Wesen deutscher Wissenschaft gesprochen hat[43]: „Der Deutsche zeigt eine angeborene Treue selbst im Verkehrten, es nicht verlassend, sondern ausbildend bis zur vollkommenen Erscheinung der Nichtigkeit." Wer einem solchen absolut nichtigen Recht wider besseres Wissen und Gewissen sklavischen Gehorsam geleistet hat, wer Gesetze hat durchführen helfen, die einen Schlag ins Gesicht der Rechtsidee bedeuteten, der darf sich allerdings nicht wundern, wenn er nachträglich als Rechtsbrecher behandelt wird, wenn der trügerische Schein dieser Willkürordnung einmal zerstört ist.

Hiermit haben wir die Rolle, die das Naturrecht gegenüber dem positiven Rechte zu spielen berufen ist, festgelegt. Es ist das Gewissen des positiven Rechtes, der Wächter darüber, daß dieses den Rechtsbegriff erfüllt und zur Rechtsidee strebt, daß es das Nahziel der Rechtssicherheit erreicht und das Fernziel der Gerechtigkeit stets im Auge behält. Ein Dualismus der beiden Rechtsordnungen ist also für die Gegenwart genau so anzunehmen wie für die Vergangenheit. Diesen aufzulösen hat man schon verschiedentlich versucht, meist so, daß man nur das positive Recht als „geltendes", das Naturrecht als nicht geltendes, höchstens als eine außerhalb der Sphäre der Realität „gültige", rein ideale Ordnung, also eigentlich als ein Wunsch- oder Traumbild aufgefaßt hat. Dieser Weg ist nicht gangbar. Wir müssen uns vielmehr von allen positivistischen Bindungen freimachen und bekennen: Das Naturrecht ist das eigentlich geltende Recht, das positive Recht hat ihm gegenüber nur eine abgeleitete, vorläufige Gültigkeit, für die allenfalls eine Vermutung spricht. Es ist eine Urteilsnorm, die selbst einem Urteil unterworfen ist, ein Maßstab, der selbst des Maßes bedarf, wie alle unsere Maßstäbe sich nach einem in gleichschwebender Temperatur gehaltenen Normalmaß richten müssen. Es gilt nur von Naturrechts Gnaden; das Naturrecht ist das Königsrecht, das über aller positiven Satzung thront. Naturrecht kann von positivem Recht nicht zerstört werden, das wußte schon die Glosse zum Sachsenspiegel[44], das positive Recht kann gegen das Naturrecht nichts ausrichten; es ist nur der Transformator, das Umspannwerk, in dem das Naturrecht für die Wirklichkeit praktikabel gemacht wird. Es muß weichen, wenn es den Anforderungen der Gerechtigkeit, also des Naturrechts nicht mehr entspricht. Naturrecht bricht positives Recht – in diesem Satz läßt sich unsere ganze Beweisführung zusammenfassen.

Nunmehr ist noch zu untersuchen, wie sich die Beeinflussung des positiven Rechtes durch das Naturrecht im praktischen Leben vollzieht. Dazu gibt es mehrere Wege, und daß sie seit je verfolgt worden sind, läßt sich aus der vergleichenden Rechtsgeschichte einsichtig machen. Zunächst kann das Naturrecht das positive gleichsam auf friedlichem Wege durchdringen und von innen heraus umgestalten[45]. Das erleben wir in der Praxis fast alle Tage. Schon wenn der Richter einen Rechtssatz oder eine rechtsgeschäftliche Willenserklärung nach vernünftigen Grundsätzen unter Rücksichtnahme auf die unter den Rechtsgenossen herrschenden Anschauungen auslegt, bringt er den Stoff des Rechtes nach naturrechtlichen Prinzipien in eine adäquate Form. Eine vernünftige Auslegung kann auch in Ländern, die keine Bindung an Präjudizien kennen, nachgeahmt werden und so schließlich kanonische Geltung erlangen; sie kann sich auch an wissenschaftliche Erkenntnisse anschließen, und es kann die

Wissenschaft des Rechtes, allerdings nur auf indirektem Wege, zur konsequenten Rechtsfortbildung beitragen; Beispiele dafür aus neuester Zeit sind leicht zu finden. So hat die Wissenschaft nach langem Kampfe erreicht, daß auf dem Gebiete des geistigen und gewerblichen Rechtsschutzes ein unter Umständen den Schaden übersteigender Bereicherungsanspruch zugelassen wurde und so diesem echt naturrechtlichen Gedanken, daß niemand sich an eines anderen Schaden bereichern dürfe, ein neues Anwendungsgebiet erobert. Ferner ist zu denken an den Begriff der positiven Vertragsverletzung, den übergesetzlichen Notstand, den untauglichen Versuch im Strafrecht usw. Einen Schritt weiter geht dann die Analogie, die nicht bloß als eine Übertragung einer Norm auf ähnlich gelagerte Fälle, also eine Denkoperation gleichsam in der Horizontale, aufgefaßt werden darf, sondern sich darstellt als eine Rückführung auf ein gemeinsames höheres Prinzip, also einen vertikalen logischen Prozeß, als Beziehung auf eine Grundnorm, die eine Stufe höher in der Pyramide der Rechtsbegriffe und damit auch der Rechtsidee nähersteht[46]. In diesen Zusammenhang gehört auch die Anwendung von Generalklauseln, besonders die im Hinweis auf Treu und Glauben liegende Vollmacht zu freier richterlicher Rechtsfindung und Vertragshilfe, in der ein Ausgleich zwischen den Prinzipien der Gleichheit und der Freiheit gefunden werden kann. Ganze Rechtsgebiete, wie etwa das Handels- oder das Versicherungsrecht, erhalten so ihr besonderes naturrechtliches Gepräge[47].

Im größten Maßstabe vollzieht sich das langsame Eindringen des Naturrechtes in das positive Recht im Zeichen der Billigkeit. Wie schon gezeigt wurde, ist die Billigkeit durchaus nicht etwas vom Recht Verschiedenes, sie ist vielmehr selbst Recht, aber wiederum nicht etwa ein Recht minderen Ranges, so daß man etwa sagen könnte, eine Entscheidung beruhe „nur" auf Billigkeitsgründen, ganz im Gegenteil ist die Billigkeit Recht in der Hochform, sie ist vollste Konsequenz in der Verfolgung der Gerechtigkeitsidee. Dabei ist nicht nur an die Billigkeit im konkreten Falle zu denken – „Gerechtigkeit des Einzelfalles" hat sie schon Rudolf Stammler genannt – sondern die Rechtsgeschichte lehrt uns ganze Systeme der Billigkeitsjustiz kennen, so die Rechtsprechung des römischen Prätors *ex aequo et bono*[48], ferner die *aequitas canonica* des Kirchenrechtes, die auch im weltlichen Bereiche nicht ohne Wirkung blieb, weil sie billigeres Recht gewährte als die Volksgerichte; deshalb wurden im späteren Mittelalter die geistlichen Gerichte vielfach im Wege des Kompromisses auch mit rein weltlichen Angelegenheiten befaßt, und auch die mit gelehrten Richtern besetzten Gerichte und Verwaltungsstellen der Landesherren traten oft als Schlichtungsinstanz in Funktion; hier liegt ein starker Antrieb für die Rezeption des römischen Rechtes, der oft nicht genügend in Rechnung gestellt wird. In England hat bekanntlich Jahrhunderte hindurch die Billigkeitsjustiz des Kanzlergerichtes neben dem Common law gestanden, und noch bis zur Gegenwart sind die Spuren dieser Zweigleisigkeit nicht ganz verschwunden.

In allen diesen Fällen vollziehen sich Entwicklungen, Evolutionen, die das Naturrecht innerhalb des positiven zur Geltung bringen. Aber oft kommt es auch zum offenen Rechtskampf, zur Revolution des Naturrechts gegen unzulängliches positives Recht oder gar gegen eine Scheinrechtsordnung, die durch äußeren Zwang eine Zeitlang aufrechterhalten wurde. Solche Vorgänge setzen immer voraus, daß neue Kulturideale sich gebildet haben, ja daß ein neues Menschentum entstanden ist[49], in dem das Bild des Menschen wieder rein und unverfälscht hervortritt, dies alles bedingt, daß neue Wertungen sich geltend machen, neue Gesetzestafeln aufgerichtet werden. Und doch ist diese „Neuheit" wieder nur Schein. Im Grunde setzt sich in jeder echten Revolution das verschüttete bessere Recht gegen das künstlich konservierte und an der Herrschaft erhaltene Aberrecht durch; die entmachtete Rechtsidee, die nur in ihren Erscheinungen verdunkelt, niemals in ihrem Wesen aufgehoben werden kann, bricht sich Bahn und erringt den Sieg. Anscheinend neue Ideen haben immer nur Erfolg, wenn sie von einer allgemeinen Überzeugung getragen werden; nur dann gelingt ihnen die Rückeroberung der empirischen Sphäre. Die Kontinuität der Rechtsentwicklung wird zwar äußerlich betrachtet vielleicht durchbrochen, und doch wird die Konsequenz im höchsten Sinne gerade dadurch gewahrt, daß dem Gehorsam gegen das eigene Gewissen Folge geleistet wird.

Solche echte Revolutionen kennt die Rechtsgeschichte in großer Zahl; es wäre ein vergebliches Bemühen, sie alle namhaft machen zu wollen. So war es revolutionär gehandelt, wenn schon in der Vorzeit bei fast allen Völkern, die wir kennen, der Staat als Träger des Volkswillens gegen die männermordenden und kulturzerstörenden Fehden der führenden Geschlechter vorging. Oft genug sind solche Revolutionen auch mit dem Aufsteigen neuer Klassen verbunden gewesen, wie der Plebejer in Rom, der Bürgerschaft in den Städten des Mittelalters. Im Namen des Naturrechts wurde in England und Frankreich die Monarchie gestürzt; im Namen des Naturrechts lösten sich die Vereinigten Staaten Amerikas vom Mutterlande los, wurde im amerikanischen Bürgerkrieg die Sklaverei beseitigt. Auch der Kampf der Arbeiterschaft um das Recht auf Arbeit, um Bedingungen des Lebens, die der Menschenwürde entsprachen, wurde im Namen des natürlichen Rechtes geführt; nicht die materielle Not allein war es, die dazu trieb, sondern auch und wohl in erster Linie das Gefühl für die Ungerechtigkeit, die in der Ausbeutung der Arbeitskraft als Ware lag. Der soziale Aufstieg wurde erkämpft unter dem Appell des Gewissens und im Bewußtsein der rechtlichen Notwendigkeit. Es war der kategorische Imperativ des Naturrechts, von dem dieser zwingende Anruf ausging. Dieser kategorische Imperativ hat oft auch auf einzelne Menschen gewirkt, die sich gegen ungerechte Satzung aufgelehnt haben und somit zu unerschrockenen Vorkämpfern der natürlichen Menschenrechte geworden sind; man denke an Antigone, an Wilhelm Tell, an den römischen Juristen Papinian, den Caracalla hinrichten ließ, weil er den Mord an dem Mitkaiser Geta mißbilligt hatte, an den englischen Lordrichter Edward Coke, den unerschrockenen Verteidiger der richterlichen Unabhängigkeit, an den preußischen Justizminister v. Münchhausen, der dem König erklärte, sein Kopf, aber nicht sein Gewissen ständen ihm zur Verfügung[50]. Der Weg der Rechtsgeschichte ist besät mit den Opfern der Rechtsidee. Denn wer solches tut, der handelt auf eigene Gefahr. Es muß ihm gelingen, den Besitzstand des positiven Rechtes zu brechen, die Anmaßung des Scheinrechts zu überwinden. Gelingt es ihm, so verehrt ihn die Rechtsgeschichte als einen ihrer Helden; denn er hat dem innersten Gesetz seines Wesens Folge geleistet und so das Recht selbst zugleich zu seiner wahren Natur zurückgeführt.

Das also ist der tiefste Sinn des Naturrechts, daß er aller menschlichen Satzung mit der Fackel der Idee voranleuchtet und ihr den rechten Weg weist. Die unaufhörliche Auseinandersetzung zwischen Naturrecht und positivem Recht zu schildern ist eine der vornehmsten Aufgaben der Rechtsgeschichte. Diese hat sich lange allzusehr auf Einzelheiten beschränkt; sie ist nicht immer der Gefahr entgangen, zu einem Raritätenkabinett zu werden, zu einer Wissenschaft für einen kleinen Kreis von Spezialisten. Sie wird erst dann allgemeinere Bedeutung erlangen, wenn sie sich auf ihr eigentliches Grundprinzip besonnen haben wird; das ist die Dialektik von Dauer und Wandel, das unaufhörliche Spiel zwischen beharrenden Substanzen und vorwärtsdrängenden Kräften. Sie hat zu schildern, wie sich die Idee der Gerechtigkeit allen Trübungen zum Trotz immer wieder durchgesetzt hat; sie hat uns zu lehren, daß wir nie den Glauben an diese Idee verlieren dürfen, mag sie auch noch so viele schwere Erschütterungen erfahren haben und noch erfahren. Richtig verstanden könnten uns die Lehren der Rechtsgeschichte vor so manchem Irrweg und Rückschlag bewahren. Unser Ahnungsvermögen sagt uns, daß die absolute Gerechtigkeit niemals verwirklicht werden kann. Aber als Leitstern darf sie niemals verschwinden, sonst hätte es, wie schon Kant gesagt hat, keinen Wert mehr, daß Menschen auf Erden leben. Und selbst wenn es jemals gelänge, ihr ganz Genüge zu tun, so wäre das Menschenleben doch gleichfalls eines höchsten Wertes beraubt, der in dem Ansporn besteht, um die Gerechtigkeit zu kämpfen.

Solche Erwägungen gewinnen in der Lage unserer Zeit ein besonderes Gewicht. Wir haben gesehen, wie gerade in Deutschland das Naturrecht zeitweise ganz vergessen worden ist; man hat es verlacht und verhöhnt wie ein Aschenbrödel. Hier haben wir eine große Schuld abzutragen. Die Verantwortung dafür liegt in der unseligen politischen Entwicklung des deutschen Volkes, seiner Entmündigung im Polizeistaat, seiner Standesschichtung, seiner Aufspaltung in Kasten und Klassen, seiner mangelnden Erziehung zu Demokratie und Selbstverwaltung. So ist eine Rechtsfremdheit, ja Rechtsfeindschaft entstanden, die ein sehr bedenkliches soziales Symptom ist. Sie zu beseitigen, dem deutschen Volke wieder Vertrauen in sein Recht und seine Rechtspflege zu geben, das ist die schönste und schwerste Zukunftsaufgabe der Rechtswissenschaft und Rechtslehre. Die Achtung vor der Majestät des Rechtes muß wieder geweckt werden, an der es im eigenen Volke und im Verhältnis zu anderen Nationen so sehr gefehlt hat. Deutschland wird erst dann wieder ein vollwertiges Glied in der Gesellschaft der Nationen werden, wenn es den Glauben an das Recht wiedergefunden hat, an die unverbrüchlichen Rechtsgrundsätze, die in den Lehren des Naturrechts beschlossen sind.

Das sind Wahrheiten, bittere Wahrheiten. Aber schon Luther hat einmal gesagt: „Es gehet den Juristen wie den Theologen. Man ist ihnen feind, weil sie der Welt die Wahrheit sagen.“ Darauf können wir Juristen stolz sein, daß man uns so als Künder der Wahrheit angesprochen hat. Unsere Wahrheit ist die Gerechtigkeit, und um die müssen wir unaufhörlich ringen als echte milites legum, als Ritter gegen Tod und Teufel. Und so will ich schließen mit der Erinnerung an ein altes frommes Lied, in dem der Heilige Geist, der Tröster, angerufen wird, uns zur Wahrheit zu helfen:

daß wir hier ritterlich ringen
durch Tod und Leben zu ihr dringen.

ANMERKUNGEN

[1] Vgl. schon Bernhard Windscheid, Die Aufgaben der Rechtswissenschaft, Leipziger Rektoratsrede, 1884, 24.

[2] Dies ist der Titel einer viel erörterten akademischen Rede von Marschall Frh. v. Bieberstein, Stuttgart 1927.

[3] *Τρέφονται δὲ πάντες οἱ ἀνθρώπειοι νόμοι ὑπὸ ἑνὸς τοῦ θείου.* Diels, Fragmente der Vorsokratiker, 4. Aufl. 1922, fr. 114. Z. Folg. Joh. Sauter, Die philosophischen Grundlagen des Naturrechts, Wien 1932, mit reichen Angaben aus der älteren Literatur; dazu G. del Vecchio, Die Gerechtigkeit, deutsche Ausg. 1940, 2ff.; E. v. Hippel, Rechtsgesetz und Naturgesetz, 1942, 17ff.; W. Schönfeld, Die Geschichte der Rechtswissenschaft im Spiegel der Metaphysik, 1944, 101ff., 276ff.

[4] Otto Franke, Geschichte des chinesischen Reiches, I 1930, 154f.; E. Haenisch, Chinesische Staatsmoral, in „Ho Ping Pao" (Der Friede), Juniheft 1947.

[5] Nach einem noch unveröffentlichten nachgelassenen Manuskript von Eugen Wohlhaupter (gest. 23. 12. 1946) über Eichendorff als Jurist, das im 66. Bande der „Zeitschrift der Savigny-Stiftung für Rechtsgeschichte" (künftig als ZRG. zitiert) abgedruckt werden soll.

[6] Z. Folg. Hirzel, Themis, Dike und Verwandtes (1907), z. T. überholt; V. Ehrenberg, Die Rechtsidee im frühen Griechentum, 1921; Walter F. Otto, Die Götter Griechenlands, 1929, 194ff.; Otto Kern, Die Religion der Griechen, I 1926, 271f., II 1935, 154ff.

[7] Ernst Hoffmann, Methexis und Metaxy bei Platon, Jahresber. des Philolog. Vereins Berlin 1919, 48ff.

[8] Werner Jaeger, Paideia, II 1941, 273.

[9] Eth. Nic. 1137 b. Sauter a. a. O. 44.

[10] So noch etwa Kurt Schilling, Geschichte der Staats- und Rechtsphilosophie 1937, 81. Vgl. noch K. Barth, Die Stoa, 5. Aufl. von Goedeckemeyer 1941, 93ff., 276.

[11] Fritz Schulz, Prinzipien des Römischen Rechts, 1935, 23f.

[12] H. Heimsoeth, Die sechs großen Themen der abendländischen Metaphysik, 1922.

[13] Otto Schilling, Die Staats- und Soziallehre des hl. Augustin, 1910; Naturrecht und Staat nach der Lehre der alten Kirche, 1914; Die Staats- und Soziallehre des hl. Thomas v. Aquin, 1923.

[14] Sachsensp. Landr. III 42. Dazu H. v. Voltelini, Der Gedanke der Freiheit in den deutschen Rechtsbüchern, ZRG., Germ. Abt. 57, 1937, 182ff. Verwandtschaft mit den Anschauungen des Sachsenspiegels zeigt auch die von Ernst Heymann, ZRG. 58, 1938, 645 mitgeteilte Stelle aus Fortescues Laudes Legum Angliae, einem Rechtsbuch des 15. Jahrhunderts.

[15] Hermann Conrad, Dantes Staatslehre im Spiegel der scholastischen Philosophie seiner Zeit (Schriften der Südd. Juristenzeitung 2), 1947, 55.

[16] Eugen Wohlhaupter, Aequitas canonica, 1931.

[17] Jul. Binder, Luthers Staatsauffassung, 1924.

[18] P. Honigsheim, Zur Soziologie der mittelalt. Scholastik, Erinnerungsgabe f. Max Weber, 1923.

[19] Erik Wolf, Große deutsche Rechtsdenker, 2. Aufl., 1944, 231, mit Lit.; dazu E. Muhs, Die Idee des natürlichen Rechts und der moderne Individualismus, Zschr. f. d. ges. Staatswissenschaften 102, 1942, 401ff; Hans Thieme, Das Naturrecht und die europäische Privatrechtsgeschichte, Basel 1947, 19ff.

[20] O. Gierke, Johannes Althusius, 4. Ausg., 1929.

[20a] Über ähnliche Sätze schon bei Gabriel Biel (1430—1495) vgl. Dilthey, Werke II, 279.

[21] Neue Ausgabe von van Apeldoorn, 1925; vgl. Thieme a.a.O. 20.

[22] Über Pufendorf immer noch grundlegend H. v. Treitschke, Pufendorf, Preuß. Jahrb. 1875, jetzt auch in den Historisch-Politischen Aufsätzen, 4, 38ff. Ferner F. Meinecke, Die Idee der Staatsraison, 3. Aufl., 1929, 279ff.; Sauter a. a. O. 114ff.; Wolf a. a. O. 282ff.

[23] E. Wolf a.a.O. 339ff.; Grotius, Pufendorf, Thomasius, 1927. K. Larenz, Zur Beurteilung des Naturrechts, Forschungen und Fortschritte 1947, 49f.

[24] J. Jastrow, Naturrecht und Volkswirtschaft, Jahrb. f. Nationalökonomie und Statistik 126, 1927, 689ff; Thieme a. a. O. 35.

[25] Der Ausdruck wurde geprägt von Paul Koschaker, Europa und das römische Recht, 1947, 249.

[26] Hans Thieme, Die Zeit des späten Naturrechts, ZRG., Germ. Abt. 56, 1936, 202ff.

[27] G. Hartmann, Leibniz als Jurist und Rechtsphilosoph, 1892; E. Heymann, Leibniz als Jurist, SB. der Berliner Akademie Phil. Hist. Klasse 1927, LXIX (zieht schon die Verbindungslinien von Leibniz zu Savigny); G. Stammler, Leibniz, 1930, 48ff.

[28] Koschaker a. a. O. 248.

[29] Koschaker a. a. O. 362.

[30] C. Fr. v. Savigny, Vom Berufe unserer Zeit für Gesetzgebung und Rechtswissenschaft (Neudruck zusammen mit Thibauts Schrift „Über die Notwendigkeit eines allgemeinen Bürgerlichen Rechtes für Deutschland" und sonstigen Beigaben von J. Stern 1914).

[31] Moritz Wellspacher, Das Naturrecht und das Allgemeine Bürgerliche Gesetzbuch, Festschrift zur Jahrhundertfeier des ABGB. 1911, 173ff.

[31a] Leonard Nelson, Die Rechtswissenschaft ohne Recht, 1917.

[32] J. Stroux, Summum jus summa iniuria, Basler Festgabe für P. Speiser-Sarrasin 1926.

[33] R. v. Ihering, Geist des Römischen Rechts III, 309.

[34] K. Bergbohm, Jurisprudenz und Rechtsphilosophie, 1892. Das Buch bietet bei aller Ablehnung des Naturrechts eine treffliche Übersicht über dessen Geschichte. Aber schon Josef Kohler fand in seinem Lehrbuch der Rechtsphilosophie (2. Aufl. 1917, 53), Bergbohm habe entgegen seiner eigenen Absicht, die völlige Unhaltbarkeit des Positivismus dargetan.

[35] Otto Schilling, Christliche Sozial- und Rechtsphilosophie, 1933; Heinrich Rommen, Die ewige Wiederkehr des Naturrechts, 1936; Hans Ryffel, Das Naturrecht, Ein Beitrag zu seiner Kritik und Rechtfertigung vom Standpunkt grundsätzlicher Philosophie, Bern 1944, mit reichen Angaben aus der ausländischen, insbesonders schweizerischen und französischen Literatur.

[35a] A. Vierkandt, Der geistig-sittliche Gehalt des neueren Naturrechts, Schriften der Soziolog. Gesellschaft Wien 6, 1927, 25 f.

[36] Zum Folgenden vgl. H. Mitteis, Vom Lebenswert der Rechtsgeschichte, Weimar 1947, Kap. V. Ferner H. Kelsen, Die philosophischen Grundlagen des Naturrechts, Phil. Vortr. der Kantgesellschaft 31, 1928.

[37] C. A. Emge, Sicherheit und Gerechtigkeit, Abh. der Berliner Akademie 1940, Nr. 9, 28.

[38] Del Vecchio, Lehrbuch der Rechtsphilosophie, deutsche Ausgabe 1940, 19ff., 429ff. Ryffel a. a. O. 112.

[39] Einleitung in die Philosophie der Mythologie, Werke 5, 748, zit. bei Schönfeld a. a. O. 541.

[40] Fr. Brunstäd, Logik 1933, 86.

[41] Nicolai Hartmann, Ethik 1926, 426, 472.

[42] Rudolf Stammler, Die Lehre vom richtigen Recht, 1902, 31.

[43] Schellings Philosophie hsg. v. Otto Braun, 1918, 300.

[44] Kurt Schilling, Das objektive Recht in der Sachsenspiegel-Glosse, 1930, 54.

[45] Zum Folgenden Alfred Manigk, Wie stehen wir heute zum Naturrecht? Breslauer Rektoratsrede 1926; Die Idee des Naturrechts, in der Festgabe für Rud. Stammler, 1926. H. Heller, Die Souveränität, 1927, 43 ff. (die Scheidung von positiv geltenden „Rechtssätzen" und nicht geltenden über positiven „Rechtsgrundsätzen" lehne ich ab). Karl Geiler, Legalität und Legitimität, „Gegenwart" 1947, 15.

[46] Zu den schwierigen Fragen der Analogie im Strafrecht kann hier nicht Stellung genommen werden.

[47] Ernst Heymann, Die Beziehungen des Handelsrechts zum Zivilrecht, SB. der Berliner Ak. 1932, 112.

[48] Sohm-Mitteis-Wenger, Institutionen, 17. Aufl. 1923, 74ff.

[49] „Der Personalabbau des Revolutionärs, der den Rechtsgenossen in sich vernichtete, erfolgt um eines neuen Aufbaues des Menschen willen, der für eine werdende Rechtsgemeinschaft sich einsetzt." So Gerhart Husserl in seinem bedeutsamen und gedankenreichen Beitrag „Recht und Welt" zur Festschrift, Edmund Husserl zum 70. Geburtstag gewidmet, Halle 1929, 141.

[50] Eugen Schiffer, Die deutsche Justiz, 1928, 6.

DIE „VORTRÄGE UND SCHRIFTEN" WENDEN SICH AN DIE WEITEN KREISE DERER, DIE AN WISSENSCHAFTLICHER FORSCHUNGSARBEIT ANTEIL NEHMEN

Bereits erschienen ist:

Die Maßstäbe des Kosmos

Rede bei der Eröffnung der Deutschen Akademie der Wissenschaften zu Berlin am 1. August 1946, gehalten von Prof. Dr. H. Kienle
24 Seiten. Preis: RM 1.50

Genuß und Betäubung durch chemische Mittel

Öffentlicher Vortrag, gehalten am 12. Juni 1947 an der Deutschen Akademie der Wissenschaften zu Berlin von Prof. Dr. Wolfgang Heubner
38 Seiten. Preis: RM 2.–

Ranke und Burckhardt

Öffentlicher Vortrag, gehalten am 22. Mai 1947 an der Deutschen Akademie der Wissenschaften zu Berlin von Prof. Dr. Friedrich Meinecke
36 Seiten. Preis: RM 2.–

In Vorbereitung sind weiter folgende Hefte:

Leitmotiv der Erdentwicklung

Öffentlicher Vortrag, gehalten am 13. Februar 1947 an der Deutschen Akademie der Wissenschaften zu Berlin von Prof. Dr. H. Stille

Atome, Sterne, Weltsysteme

Öffentlicher Vortrag, gehalten am 14. Mai 1947 an der Deutschen Akademie der Wissenschaften zu Berlin von Prof. Dr. H. Kienle

Pflanzenphysiologische Bodenkunde

Öffentlicher Vortrag, gehalten am 26. November 1947 an der Deutschen Akademie der Wissenschaften zu Berlin von Prof. Dr. Eilh. Alfred Mitscherlich

Über physikalisch-chemische Modelle von Lebensvorgängen

Öffentlicher Vortrag, gehalten am 11. Dezember 1947 an der Deutschen Akademie der Wissenschaften zu Berlin von Prof. K. F. Bonhoeffer

DIE HEFTE ERSCHEINEN IN ZWANGLOSER FOLGE

FSC
www.fsc.org
MIX
Papier | Fördert
gute Waldnutzung
FSC® C083411

Kolibri 360 GmbH
Ferdinand-Jühlke-Straße 7
99095 Erfurt, Deutschland
produktsicherheit@kolibri360.de